劇あそび 脚本＆CD＆コス

巻頭カラー　コスチューム一覧／おはなし別コスチューム

P.1〜8に、本書で取り上げた劇あそびに出てくる登場人物のコスチュームの写真を掲載しました。色使いや組み合わせなど、イメージをつかむ参考にしてください。また、ここで取り上げた以外のおはなしのコスチューム製作の際にもお役だてください。

コスチューム一覧

日本の昔話
- ね …ねずみのよめいり
- う …うらしまたろう
- わ …わらしべちょうじゃ

うらしまたろう／おじいさん うらしまたろう／たろすけ／こども／おかよ（娘）／乙姫様／こども／母親／おじいちゃん／おばあちゃん

長者／殿様／家来／侍／お父さんねずみ／お母さんねずみ／ちゅうこ／ちゅうきち／かめ／さかな／とんぼ／おひさま

くもさん／かぜさん／かべさん／春の花／夏の太陽／秋の紅葉／冬の雪

世界の名作
- さ …三びきのこぶたとおおかみ
- お …おおかみと七ひきのこやぎ
- ぞ …ぞうのはなはなぜながい
- な …ながぐつをはいたねこ

ハンス／王様から服をもらったハンス

王様／家来／お姫様／草刈りの人（男の人）／草刈りの人（女の人）／麦刈りの人／粉屋／人食い鬼／ちいぶた／ちゅうぶた／おおぶた／こやぎ（男の子）／こやぎ（女の子）

お母さんやぎ／おおかみ／ねこ／ぞうた（こぞう）／ぞう／きりん／かば／だちょう／ころころどり／わに／にしきへび

次のページから **おはなし別コスチューム** です

おはなし別 コスチューム

P.12〜 ねずみのよめいり

お父さんねずみ

基本の和服にちゃんちゃんこを合わせて。ヒゲは太いモールを使います。

お母さんねずみ

着物のそでは短めにします。ピンクのちゃんちゃんこでお母さんらしさを演出。

ちゅうこ

頭にフラワーペーパーのお花をあしらい華やかにしあげましょう。

ちゅうきち

青系でまとめてさわやかに。黒い帯がアクセントです。

おひさま

冠にはキラキラテープを使います。あごの下で留めるとよりおひさまっぽくなりますよ。

くもさん

水色のポリ袋に白い雲がよく映えます。帽子の綿を立たせるのがポイント!

かぜさん

細かく裂いたスズランテープで涼やかな風の動きを表現。三角帽がとってもキュートです。

かべさん

緩衝材が昔の壁のイメージを喚起させます。金テープの縁取りがアクセントに!

P.23~ うらしまたろう

うらしま たろう

POINT! きゃはん 脚絆を着けると、よりうらしまたろう感がUP!

青色の和服に赤色のベスト、スズランテープのこしみのを着ければうらしまたろうに変身! スズランテープは細かく裂いてボリュームを。

おじいさん うらしまたろう

白い髪と白いひげを付けると、あっという間におじいさんうらしまたろうに。早変わりも楽しめます。

こども

和服に半ズボンで村の子どもに。切り紙で模様を入れると昔話のイメージに近づきます。

乙姫様

色の組み合わせがポイント! 黄・紫・黄緑・ピンク。乙姫カラーを押さえましょう。

かめ

甲羅

甲羅にはザルを使い、不織布と金テープで模様を作ります。ゴムを付けて背負えるようにしておきましょう。

さかな

赤・黄・白の不織布で華やかな魚に変身です。帽子も同じく華やかに飾ります。

春の花

ワンピースにフラワーペーパーのお花をボリュームいっぱいに飾り付けましょう。

夏の太陽

スズランテープのポンポンで明るさを表現。冠に太陽のモチーフを付けて。

秋の紅葉

画用紙のもみじが秋らしさを演出。赤い軍手もアクセントに。

冬の雪

銀色の折り紙と青いキラキラモールが雪のイメージにぴったりです。

P.37～ わらしべちょうじゃ

たろすけ

黄色の着物に茶色の不織布で模様を入れると、たろすけのでき上がり。着物はズボンの中に入れ、帯を締めます。

おかよ（娘）

振り袖のピンクの着物に、折り紙のお花をあしらってかわいい娘にしあげましょう。

おかよの帯

長者

紫の羽織がポイント！　銀のリボンで作ったひもが"お金持ち"の長者を表現しています。

こども

短めのたけの赤い着物が小さな子どものイメージにぴったり。ゆかた風に帯を結ぶのもポイントです。

母親

落ち着いた緑の着物で母親を表現。そでも短かめにしあげます。

おばあちゃん

POINT！
頭のふろしきは前で結ぶのがポイントです。

ノーマルの帯

着物の上にふろしきなどで作った前かけを着けるとおばあさんのでき上がり！

おじいちゃん

黄色いちゃんちゃんこと、頭のかぶりものがおじいさんらしさを演出。つえを持つとGood！

侍

スカートを基本に作ったはかまが浪人っぽさをより際立たせます。刀を腰に帯びれば完成です。

殿様

羽織には黒と金で作ったリボンを付けてゴージャスさを演出。かつらのまげにも金モールを巻くことで、より殿様のイメージが出ます。

家来

和服にはかま、羽織を組み合わせるのがポイント。弓矢も持つと強い家来に変身です。

とんぼ

大きな目玉にキラキラの羽でとんぼの完成。赤いワンピースに銀テープのボーダーもよく映えてアクセントに！

P.52〜 三びきのこぶたとおおかみ

ちいぶた　　ちゅうぶた　　おおぶた

POINT! お鼻は茶色のモールを丸めて作りましょう。

おおかみ

大きなお鼻が特徴のぶたさんの帽子と、色違いのベストで仲よしの三びきのこぶたのでき上がり！ ちょうネクタイのリボンとポケットも色違いの不織布で作ります。

少しとぼけたおおかみの顔がキュート。スズランテープで飾り付けた服を着て、しっぽも忘れずに。

P.68〜 おおかみと七ひきのこやぎ

こやぎ　　　お母さんやぎ　　おおかみ　　粉屋

ピーンとしたお耳がかわいいこやぎたち。男の子と女の子でベストは色違いにしましょう。ズボンのすそも女の子は七分たけでひらひらとかわいさを！

チェックの帽子から出た小さな角がポイント。ギャザーの付いたエプロンも欠かさずに。

三びきのこぶたのおおかみよりもキリリとした強さを表現しています。赤い不織布のスカーフがアクセントです。

真っ白の服と真っ白の帽子で粉屋さんに変身。ボタンは銀モールを丸めて作りましょう。

P.80~ ぞうのはなはなぜながい

ぞうた（こぞう）

長いお鼻と大きなお耳が特徴的。水色のベストと半ズボンでまとめます。

ぞう

ぞうはお鼻を曲げて、キバを付け、「ぞうた」と差を出しましょう。

だちょう

POINT! 頭の毛はキラキラモールを付けて、だちょうらしさを出します。

ピンクの服に白と黒の羽がよく映えます。不織布の細かい羽でディティールを表現！

きりん
先の丸い角と、茶色の模様できりんのでき上がり。しっぽの先は茶色のスズランテープで表現します。

かば
帽子のつばにマジックロープの歯を付けると大きなお口のかばさんに変身です。

ころころどり

前は不織布の羽、後ろはポリ袋の羽を付けます。青いきれいな羽と帽子に付いた赤い飾りのコントラストが印象的です。

わに

背中のギザギザは不織布に綿を入れたものを付けて立体的に。金テープの縁取りが強いイメージを出しています。

にしきへび
POINT! 目の周りや目は不織布の重ねばりで、リアルさを追求！

ニョロっと伸びた舌は針金を入れた不織布で。クリスマスカラーのリボンの飾りがポイントです。

P.94~ ながぐつをはいたねこ

ハンス

ズボンの当て布とスズランテープを三つ編みにして作った腰ひもが決め手です。

王様から服をもらったハンス

ポリ袋と、キラキラモール・金テープがとってもマッチします。そではふんわりさせましょう。

ねこ

全身黒の黒ねこに赤いリボンや長靴がよく映えます。ねこのひげは白のモールで表現。

王様

金ボール紙と赤い不織布で作った王冠が王様のトレードマーク。長いマントも忘れずに。

お姫様

普段の冠
不織布のふんわりしたスカートに白のポリ袋のレースをあしらいます。大きなリボンが華やかさを演出!

家来

赤い服と黒いズボンに金テープでアクセントを。ボタンはキラキラモールを丸めて作ります。

草刈りの人

女の人
スカートの上に不織布をはり付け、エプロン風に。頭にはバンダナを巻きます。

男の人
青と黄色でさわやかなイメージに。緩いシルエットの帽子がよく合います。

麦刈りの人

画用紙で作った大きなつばの帽子をかぶり"働く"雰囲気を出しましょう。

人食い鬼

帽子には角を付けて。黒と赤も少し混ぜたスズランテープの髪の毛で人食い鬼のワイルドさを表現。

劇あそび 脚本&CD&コスチューム

③④⑤歳児

CONTENTS

巻頭カラー
劇あそび コスチューム一覧 ……… 1

おはなし別コスチューム
- ねずみのよめいり ……………… 2
- うらしまたろう ………………… 3
- わらしべちょうじゃ …………… 4
- 三びきのこぶたとおおかみ …… 6
- おおかみと七ひきのこやぎ …… 6
- ぞうのはなはなぜながい ……… 7
- ながぐつをはいたねこ ………… 8

はじめに・音楽について ………… 10
本書の3大特長 …………………… 11

1 〔3歳〜〕日本の昔話
ねずみのよめいり ……… 12
あらすじ・魅力・音楽表現へのヒント・大道具・コスチューム・
脚本（やさしい楽譜つき）

2 〔4歳〜〕日本の昔話
うらしまたろう ………… 23
あらすじ・魅力・音楽表現へのヒント・大道具・小道具・
コスチューム・脚本（やさしい楽譜つき）

3 〔5歳〜〕日本の昔話
わらしべちょうじゃ …… 37
あらすじ・魅力・音楽表現へのヒント・大道具・小道具・
コスチューム・脚本（やさしい楽譜つき）

4 〔3・4・5歳〕世界の名作 オペレッタ風
三びきのこぶたとおおかみ …… 52
あらすじ・魅力・音楽表現へのヒント・大道具・小道具・
コスチューム・脚本（やさしい楽譜つき）

5 〔3歳〜〕世界の名作
おおかみと七ひきのこやぎ …… 68
あらすじ・魅力・音楽表現へのヒント・大道具・小道具・
コスチューム・脚本（やさしい楽譜つき）

6 〔4歳〜〕世界の名作
ぞうのはなはなぜながい ……… 80
あらすじ・魅力・音楽表現へのヒント・大道具・コスチューム・
脚本（やさしい楽譜つき）

7 〔5歳〜〕世界の名作
ながぐつをはいたねこ ………… 94
あらすじ・魅力・音楽表現へのヒント・大道具・小道具・
コスチューム・脚本（やさしい楽譜つき）

基本の衣装の作り方 ……………………………………… 114
- 着物A（着物B・羽織）・ちゃんちゃんこ・ちゅうこの羽織 ………… 114
- ベスト・ワンピース・洋服・そでなし洋服・粉屋・家来の服・スカート 115
- はかまA・はかまB・ズボンA・ズボンB・ズボンC・お面 ………… 116
- かつら・耳付き帽子・切り紙の作り方 …………………………… 117

基本の衣装〈寸法参考例〉 …………………………… 118
和服① 着物A・着物B　和服② ちゃんちゃんこ・ちゅうこの羽織
洋服① ワンピース・ベスト・そでなし洋服　洋服② 洋服・粉屋・家来の服
スカート　ズボン 長ズボン・半ズボン

CDトラック・音楽リスト ……………… 表2（表紙の裏側）
コスチューム製作素材・衣装ベース …… 表3（裏表紙の裏側）

はじめに

　劇あそびは、総合的な活動です。
　歌ったり踊ったりする音楽的表現力、せりふのやりとりをしたり相手にわかる言葉使いをしたりする言語的表現力、背景や小道具を作るなどの絵画的表現力を育てます。クラスの友達といっしょに創り上げることで、友達とかかわる楽しさを味わい、仲間意識も芽生えてクラスのまとまりもでてくるでしょう。またいろいろな役をすることで、相手の立場に立ってものごとを考えることができるようになり、結果として人とかかわる力も育ちます。
　本書では、日本の昔話と世界の名作7作を集めました。昔話や名作は、長く語り継がれてきたものなので人生の知恵を生かしたお話が多いです。また、よい人物や悪い人物が対照的に描かれ、子どもたちにも理解しやすく、善（よい人物）が勝ち、悪（悪い人物）をやっつける痛快さがあります。そしてよく知られた話は、劇あそびをするうえで、見る人も演じる子どもたちも安心して楽しむことができます。
　劇あそびをするにあたっては、保育者として、この話の〈ここ〉を知らせたい、理解させたいという〈思い〉を持つことも大事です。
　保育者自身も楽しみましょう。保育者も演技者のひとりとして参加するのもよいですね。
　では、楽しい劇あそびを！

音楽について

- 本書には、70曲の楽譜と、99曲の音楽が収録されたCDが付いています。音楽が加わることで、〈劇あそび〉はより豊かな表現活動になります。
- 本書の音楽は、「明るく元気な」ものばかりではなく、場面や登場人物に応じて、恐かったり、悲しかったり、かわいかったり、不思議だったり、静かだったり…さまざまな感情を表現するものになっています。〈劇あそび〉における多様な音楽との出会いは、子どもたちの音楽経験の幅を広げ、豊かな感性を育てる機会になることでしょう。
- 楽譜に書かれたものに縛られる必要はありません。それぞれの実情に応じて、歌いやすいように旋律を変えたり、場面に応じて長さを変えたり、ピアノ以外の楽器（打楽器など）を加えたりと、工夫しながら音楽表現に取り組んでください。
- CDに全曲のピアノ演奏と13曲の歌入りバージョンが収録されているので、練習から本番まで、いろいろな形で活用できます。子どもたちの演技に応じた音楽表現は、生演奏によってこそ可能になるので、ピアノにもぜひチャレンジしてみてください！

〈楽譜について〉

- 歌詞に「　　」で示された部分は、音程を付けずにセリフのように語ってください。
- 2x、3xという記号は、2回目、3回目に演奏する、という意味です。
- （　）内の音は、省略可能です。[　]内の音は、注記を参照してください。

ピアノが心配… というみなさんへ

- 楽譜には、コードネームが付いています。コードの簡易伴奏でもOKです！
- 初級教本修了程度で演奏できるよう配慮してありますが、それぞれの実情に応じて（　）で示された音を省略して演奏してください。音を減らせば演奏が、より容易になります。
- 全般に、〈右手の下の音〉〈左手の上の音〉は、省略できます。楽譜のすべての音を弾こうと思わずに、まず旋律とバス（最低音）を中心に弾けるようにして、徐々にほかの音を増やしていってください。
- かんたんバージョン（簡単に弾くヒントや簡易楽譜）もありますので、参考にしてください。

ピアノが得意！ というみなさんへ

- 全曲ピアノ1台で演奏できますが、コードネームを参考に、連弾にしたり、ほかの楽器を加えたりするなど、アレンジにもチャレンジしてみてください！
- 同僚や保護者の方とのアンサンブルも、楽しい音楽活動の機会になると思います。鍵盤ハーモニカ、キーボード、ギター、リコーダー、打楽器などを加えて、それぞれの劇の世界をさらに豊かしてください。
- 発展バージョンもありますので参考にしてください。

本書の3大特長

 脚本 がスゴイ

1 日本の昔話と世界の名作 7作を厳選！

日本の昔話3作品、世界の名作4作品を年齢別の劇あそびにしました！
昔話や名作なので、演じる子どもたちにも見る人にもわかりやすいものになっています。

『ねずみのよめいり』（日本の昔話）
3歳〜　『おおかみと七ひきのこやぎ』（世界の名作）

4歳〜　『うらしまたろう』（日本の昔話）
『ぞうのはなはなぜながい』（世界の名作）

5歳〜　『わらしべちょうじゃ』（日本の昔話）
『ながぐつをはいたねこ』（世界の名作）

3・4・5歳　『三びきのこぶたとおおかみ』（世界の名作）オペレッタ風

※登場人物の名前は原作とは異なっています。

 音楽・CD がスゴイ

2 音楽すべてがCDに！99曲！

オープニング曲やテーマ曲、効果音など書き下ろし音楽がすべてCDに入り計99曲！　歌入りバージョンのボーナストラックも収録してあるので、役だつことまちがいなしです。

楽譜もとっても親切です！

♪ 演奏へのアドバイスや

かんたんバージョン　簡単に弾くヒント・簡易楽譜

発展バージョン　発展演奏へのヒント

歌入り　CDに歌入りバージョンのある楽譜も！

 コスチューム がスゴイ

3 コスチューム56着がカラー写真で！

巻頭カラーページにそれぞれの劇の登場人物のコスチュームの写真を掲載！　見栄えはいいのに、基本は不織布とポリ袋で作れるものばかりです。

さらに…！

◆ **大道具や小道具のアイディアもいっぱい！**
身近な素材でできるものばかり。
"子どもといっしょに作る"を基本にしています。

◆ **演出アドバイスも！**
演出についてもイラスト入りで紹介。
劇あそびがもっと盛り上がることまちがいなしです。

演出　おもこさんを探すとき
おひさま・くもさん・かぜさん・かべさん役が1名の場合は、小さい山の後ろに積み木を置き、立たせると、高さが出て、"えらいひとをさがず"というイメージが持ちやすいです。

シナリオ①　3歳〜

日本の昔話
ねずみのよめいり

あらすじ

ねずみの夫婦はかわいいひとり娘のために、世界でいちばんりっぱでえらいおむこさんを探しに出かけました。まずはお日様のところへ行きますが、お日様に「私より雲さんがえらい」と言われてしまいます。雲さんには風さんが、風さんには壁さんがえらいと言われ、とうとう壁さんには「ねずみさんがいちばんえらい」と教えられて…。最後にはねずみの若者と娘が結婚するハッピーエンドが待っていました。

文：戸田和代　絵：田頭よしたか
発行：ひかりのくに（書店では販売しておりません）

登場人物

- お父さんねずみ
- お母さんねずみ
- ちゅうこ（むすめねずみ）
- おひさま
- くもさん
- かぜさん
- かべさん
- ちゅうきち（わかいねずみ）

劇あそびにしたときの魅力

- 登場人物たちはスケールが大きく、コスチュームや動きなど、いろいろな表現が工夫できます。
- 繰り返されるやりとりが楽しめるとともに覚えやすいです。
- 「ねずみのおむこさんがお日様?」「雲?」などと奇想天外な組み合わせのストーリーが楽しめます。
- ねずみ同士が結婚するという結末にホッとできます。

音楽表現へのヒント

♪ねずみの親子は〈わらべうた〉、ほかは〈童謡〉風の音楽になっています。

♪「おひさま」「かぜさん」「くもさん」「かべさん」のキャラクターの違いを、テンポや強弱で表現してください。それぞれの曲に応じた打楽器を加えることもできます。

♪最後の「おいわいのうた」は、日本の祝宴のイメージです。手拍子や鈴を加え、客席からも手拍子をもらい、会場一体となって劇を締めくくってください。

大道具

◆ 山

材料：・段ボール　・絵の具など　・積み木

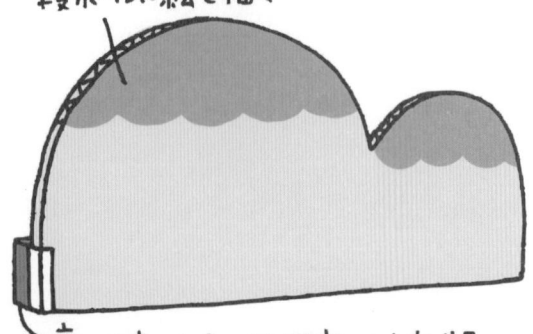

段ボールに絵を描く

裏は積み木などを固定して立たせる

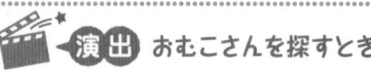

演出　おむこさんを探すとき

おひさま・くもさん・かぜさん・かべさん役が1名の場合は、小さい山の後ろに積み木を置き、立たせると、高さに違いが出て、"えらいひとをさがす"というイメージが持ちやすいです。

※複数で演じる場合は、山の前でやりとりします。

◆ 家

材料
- 段ボール
- 絵の具など
- 画用紙
- キャスター付きボード やハンガーラックなど

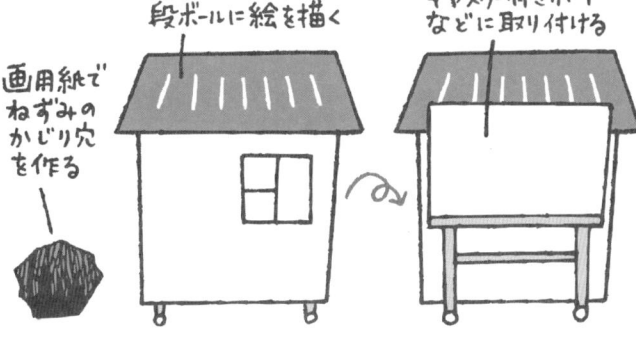

コスチューム （P.1〜8 巻頭カラーページを参考にしてください）

◆ ねずみ帽子（4人共通）

基本の作り方は P.117

材料
- カラー帽子
- 不織布
- 綿
- モール（太・細）
- フラワーペーパー

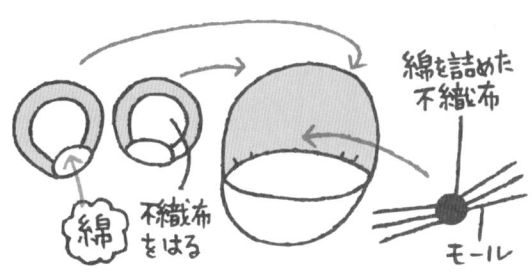

◆ お父さんねずみ

着物A  基本の作り方は P.114
＋ ズボンB 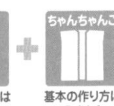 基本の作り方は P.116
＋ ちゃんちゃんこ 基本の作り方は P.114

衣装材料
- 不織布
- ゴム
- リボン

◆ ちゅうきち

着物A  基本の作り方は P.114
＋ ズボンB 基本の作り方は P.116

衣装材料
- 不織布
- ゴム
- 折り紙（切り紙の作り方はP.117）

◆ お母さんねずみ

着物B
基本の作り方は
P.114

衣装材料
- 不織布 ・厚紙 ・マジックテープ ・リボン
- 折り紙（切り紙の作り方はP.117）

◆ ちゅうこ

着物B ＋ ちゅうこの羽織
基本の作り方は　基本の作り方は
P.114　　　　　P.114

衣装材料
- 不織布 ・厚紙 ・マジックテープ ・リボン
- 折り紙（切り紙の作り方はP.117）

◆ おひさま

帽子材料
- 厚紙 ・マジックテープ
- キラキラテープ

衣装材料
- カラーポリ袋2枚
- ゴム ・不織布

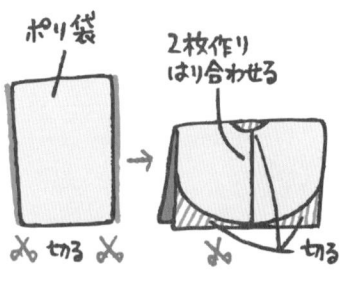

◆ くもさん

帽子材料 ・カラー帽子 ・綿

衣装材料
- カラーポリ袋2枚
- ゴム ・フェルト

◆ かぜさん

帽子材料
- 画用紙
- スズランテープ ・ゴム

衣装材料
- カラーポリ袋2枚
- ゴム ・スズランテープ

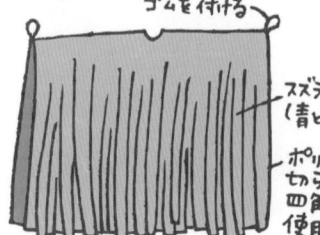

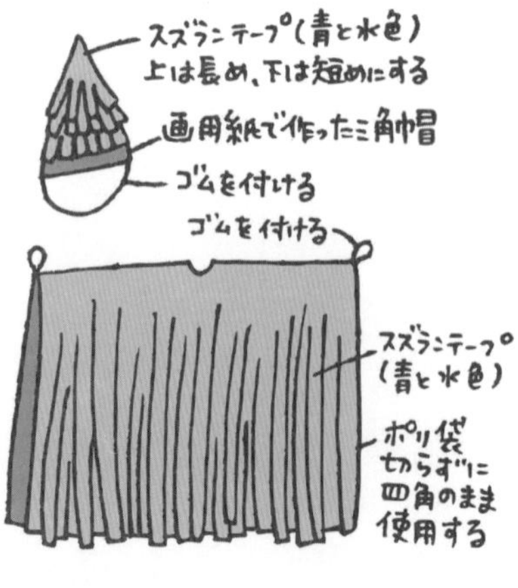

◆ かべさん

帽子材料
- 画用紙 ・コンテ
- ゴム

衣装材料
- カラーポリ袋2枚 ・ゴム
- 金テープ ・緩衝材

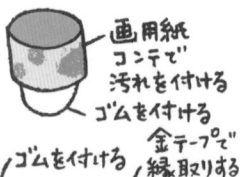
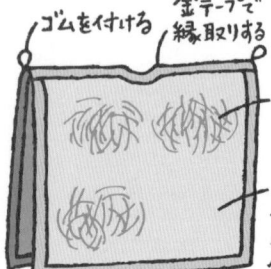

ねずみのよめいり 脚本（やさしい楽譜つき）

第一場 「ねずみのくに」

🎹 CD 1 ♪「プロムナード ねずみの親子」 曲：中地 雅之

- 音楽とともに開幕。
- 舞台中央奥に山と、上手よりに家（ねずみのかじり穴なし）がある。

かんたんバージョン
- ＊オクターブまたは2オクターブ下げて弾いてもよい。

ナレーター
「むかしむかし、あるところにねずみのいえがありました。
そこには、おとうさんねずみとおかあさんねずみと
むすめねずみのちゅうこがなかよくくらしていました。
おとうさんねずみとおかあさんねずみは、
ちゅうこのおむこさんをさがしています」

- 3人、上手から登場。▶❶

お父さんねずみ
「ちゅうこの おむこさんを
さがしに いきましょう ちゅう」

お母さんねずみ
「かわいい ちゅうこに ぴったりの
りっぱな おむこさんを さがしましょう ちゅう」

ちゅうこ
「りっぱな おむこさんて どんな ひと だろう？」

お父さんねずみ
「せかいいち かわいい ちゅうこに ぴったりの」

お母さんねずみ
「えらーい ひと ですよ」

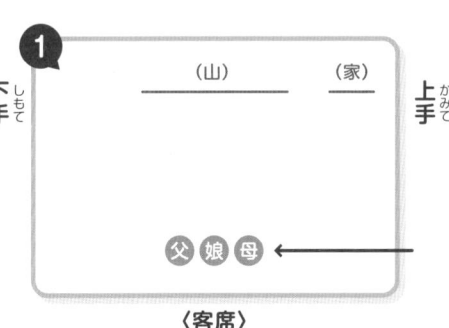

🎬 演出 「ちゅう」の言い方
せりふ中の「ちゅう」というねずみの鳴き声をいろいろ工夫してみましょう。

🎹 CD 1 ♪「プロムナード ねずみの親子」 曲：中地 雅之 　楽譜は同ページ『プロムナード ねずみの親子』参照

- 3人、舞台を1周する。
- 家は上手へかたづける。
- おひさまが下手から登場する。▶❷

P.12 演出「おむこさんを探すとき」参照

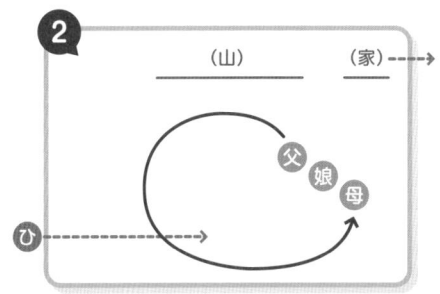

CD 2 ♪「おひさまのうた」 詞:秋田 桂子／曲:中地 雅之

おひさま
わたしは おひさま ぴかぴか
せかいを あかるく てらしては
あさが くるのを しらせます ぴかぴか ぴかぴか

3人	「おひさま おはようございます」
おひさま	「ねずみさんたち おはようございます」
お父さんねずみ	「そうだ せかいで いちばん えらいのは おひさまだ！ おひさまに おねがいしよう」

CD 3 ♪「おひさまおねがい」(「かぜさんおねがい」) 詞:秋田 桂子／曲:中地 雅之

3人
ぴかぴか きれいな おひさま
いちばん えらい おひさま
かわいい ちゅうこを およめさんに してください 「ちゅう」

・**高い声が出ない場合は［ ］の音を歌う。　かんたんバージョン・*オクターブ下で弾いてもよい。

🎹 CD 4 ♪「わたしではないんです」　詞:秋田 桂子／曲:中地 雅之

おひさま
せかいで　いちばん　えらいだって
それは　うれしい　ありがとう
でもね　いちばん　えらいのは
わたしでは　ない　ないんです

・「わたしではないんです　かべ」のときは、
　左手をオクターブ低く、少しゆっくり弾く。

3人
「え、それは　ほんとう　ですか？」

おひさま
「いちばん　えらいのは　くもさんだよ
　どんなに　わたしが　てらしても
　くもさんが　でてきたら　もう　だめさ」

3人
「そうか　くもさんが
　せかいで　いちばん　えらいのか」

おひさま
「あ　くもさんが　でてきた」

・おひさまは上手へ去り、くもが下手から登場する。
・3人は舞台を1周する。▶ ❸

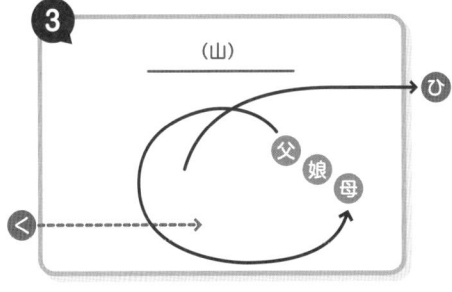

🎹 CD 5 ♪「くもさんおねがい」（「かべさんおねがい」）　詞:秋田 桂子／曲:中地 雅之

3人
もくもく　わいてる　くもさん
いちばん　えらい　くもさん
かわいい　ちゅうこを　およめさんに
してください　「ちゅう」

楽譜は次ページへ ▶

1　日本の昔話　ねずみのよめいり

17

▶▶ ♪「くもさんおねがい」(「かべさんおねがい」)　詞:秋田 桂子／曲:中地 雅之

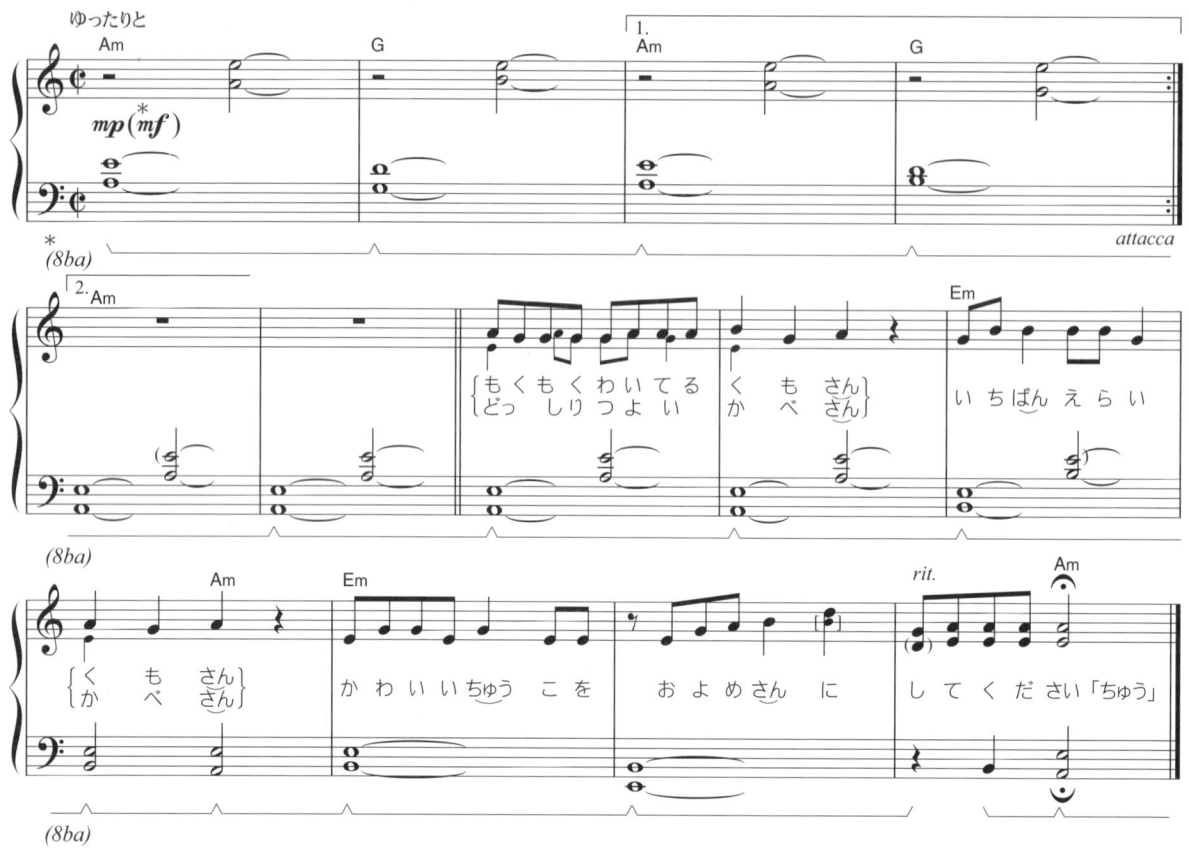

・「かべさんおねがい」では、下段をオクターブ低く、*mf* で弾く。

CD 4　♪「わたしではないんです」　詞:秋田 桂子／曲:中地 雅之　楽譜はP.17『わたしではないんです』参照

くもさん	せかいで　いちばん　えらいだって それは　うれしい　ありがとう でもね　いちばん　えらいのは わたしでは　ない　ないんです
3人	「え、それは　ほんとう　ですか？」
くもさん	「いちばん　えらいのは　かぜさんだよ 　どんなに　わたしが　がんばっても 　かぜさんが　でてきたら　もう　だめさ」
3人	「そうか　かぜさんが　せかいで　いちばん　えらいのか」
くもさん	「あ　かぜさんが　でてきた」

18

🎹 CD 6 ♪「プロムナード　かぜ」　曲:中地 雅之

- くもは上手へ去り、かぜが下手から登場する。
- 3人は舞台を1周する。▶ ❹

🎹 CD 7 ♪「かぜさんおねがい」　詞:秋田 桂子／曲:中地 雅之　楽譜はP.16『かぜさんおねがい』参照

3人
ぴゅうぴゅう　ふいてる　かぜさん
いちばん　えらい　かぜさん
かわいい　ちゅうこを　およめさんに
してください　「ちゅう」

🎹 CD 4 ♪「わたしではないんです」　詞:秋田 桂子／曲:中地 雅之　楽譜はP.17『わたしではないんです』参照

かぜさん
せかいで　いちばん　えらいだって
それは　うれしい　ありがとう
でもね　いちばん　えらいのは
わたしでは　ない　ないんです

3人
「え、それは　ほんとう　ですか？」

かぜさん
「いちばん　えらいのは　かべさんだよ
　どんなに　わたしが　つよく　ふいても
　かべさんが　でてきたら　もう　だめさ」

3人
「そうか　かべさんが　せかいで　いちばん　えらいのか」

かぜさん
「あ　かべさんが　きた」

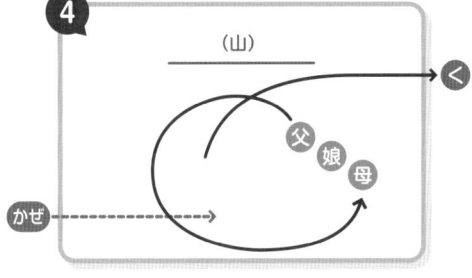

- かぜは上手へ去り、かべが下手から登場する。
- 3人が舞台を1周している間に
  家(ねずみのかじり穴付き)を出す。▶ ❺

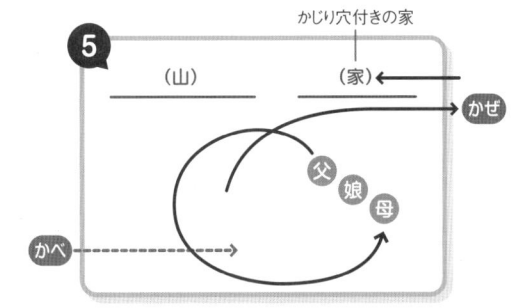

♪「かべさんおねがい」 詞:秋田 桂子／曲:中地 雅之　楽譜はP.18『かべさんおねがい』参照

CD 8

3人

・「くもさんおねがい」よりも、下段をオクターブ低く弾く。

どっしり　つよい　かべさん
いちばん　えらい　かべさん
かわいい　ちゅうこを　およめさんに
してください　「ちゅう」

♪「わたしではないんです　かべ」 詞:秋田 桂子／曲:中地 雅之　楽譜はP.17『わたしではないんです』参照

CD 9

かべさん

・左手をオクターブ低く、少しゆっくり弾く。

せかいで　いちばん　えらいだって
それは　うれしい　ありがとう
でもね　いちばん　えらいのは
わたしでは　ない　ないんです

3人
「え、それは　ほんとう　ですか？」

かべさん
「いちばん　えらいのは　ねずみさん　あなたたちだよ」

3人
「え、わたしたち　ねずみですか？」

かべさん
「そうですよ
　だって　どんなに　わたしが　がんばっても
　ねずみさんに　かじられたら　もう　だめさ」

3人
「そうか　わたしたちねずみが　いちばん　えらいのか！
　それじゃ　かえろう　かえりましょ　ちゅう」

♪「プロムナード　ねずみの親子」 曲:中地 雅之　楽譜はP.15『プロムナード ねずみの親子』参照

CD 1

・かべは上手に去り、3人は舞台を1周する。
・ちゅうきちが下手から登場する。▶❻

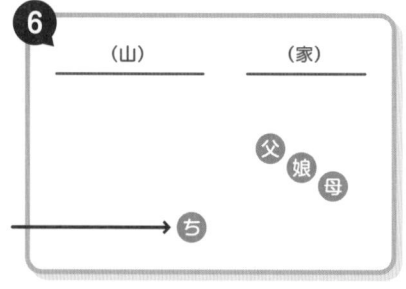

お父さんねずみ
「おやおや　となりの　ちゅうきちさん　ちゅう」

ちゅうきち
「こんにちは　みなさん　ちゅう」

お父さんねずみ
「そうだ　ちゅうきちさんだ」

お母さんねずみ
「そうよ　ちゅうきちさんだわ
　きいてください　ちゅうきちさん
　せかいで　いちばん　えらいひとを
　ちゅうこの　おむこさんに　しようと
　とおくまで　さがしにいきました　ちゅう」

| お父さんねずみ | 「そして　わかったのです
　せかいで　いちばん　えらいのは
　なんと　わたしたち　ねずみ
　だったって　ことが　ちゅう」 |

| 父・母ねずみ | 「せかいで　いちばん　えらい　ちゅうきちさん
　うちの　ちゅうこの　おむこさんに
　なってください　ちゅう」 |

♪「プロポーズのうた」　詞:秋田 桂子／曲:中地 雅之　CD 10

| ちゅうきち | ねずみが　いちばん　えらいのか　「ちゅう」
でも　うれしいな　うれしいな
ぼくは　ちゅうこさんが　だいすき
どうか　およめさんに　なってください　「ちゅう」 |

| ちゅうこ | とっても　とっても　うれしいわ　「ちゅう」
まあ　ほんとに　うれしいわ
わたしは　ちゅうきちさんが　だいすき
「はい」　わたし　およめさん　なります　「ちゅう」 |

| お父さんねずみ | 「よかった　これで　きまったね」 |

かんたんバージョン・*オクターブ下げて弾いてもよい。

お母さんねずみ　「みなさん　ちゅうきちさんと　ちゅうこが
　　　　　　　　　けっこんします」

・全員、登場する。

🎹 CD 11　♪「おいわいのうた」　詞：秋田 桂子／曲：中地 雅之

全員
おめでとう　おめでとう　「ちゅう」
ちゅうきちさんと　ちゅうこさん　「ちゅう」
とっても　とっても　おにあいです　「ちゅう」
これから　ずっと　しあわせに
めでたし　めでたし　めでたし　「ちゅう」

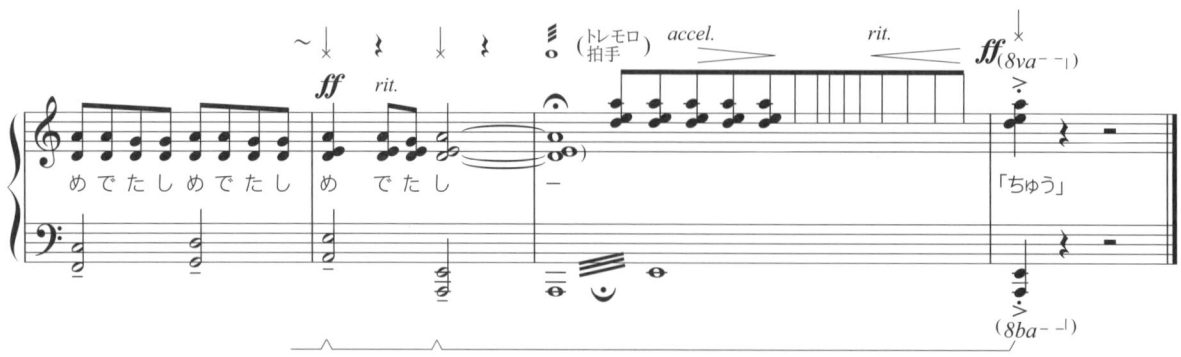

歌入り♪　ボーナストラックとして「おいわいのうた」の歌入りバージョンが入っています。

＊高い声が出ない場合は
［　］の音を歌う。

🎹 CD 87　♪「おいわいのうた」

おしまい

シナリオ② 4歳〜

日本の昔話
うらしまたろう

あらすじ

うらしまたろうという若者が浜辺でかめを助けました。たろうはお礼に竜宮城へ連れて行ってもらい、乙姫様と楽しく暮らします。やがて月日が流れ、たろうは故郷へ帰りたくなります。乙姫様に「決して開けてはいけない」という玉手箱をもらい、戻ってみると故郷はまったく変わっていて知る人もいません。寂しさに耐えられなくなって思わず玉手箱を開けてしまうと…中から煙が出て、たろうはおじいさんになってしまいました。

文・絵：梅田俊作・佳子
発行：ひかりのくに（書店では販売しておりません）

登場人物
- うらしまたろう
- かめ
- こどもたち
- さかなたち
- 乙姫様
- 春の花
- 夏の太陽
- 秋の紅葉
- 冬の雪

✨劇あそびにしたときの魅力

- 日本の昔話として、子どもたちに語り伝えていきたい話であり、劇あそびをすることでより印象深く心に残すことができます。
- よく知られている話なので、見る人がストーリーに沿って楽しむことができます。
- 「開けてはいけない」と言われれば開けてみたくなるというだれもが持っている気持ちに共感でき、思わず開けてしまうたろうに寄り添って演じたり、見たりすることができます。
- 竜宮城の場面で「春・夏・秋・冬」それぞれの特色をコスチュームなどを工夫し表現する楽しみがあります。

♪音楽表現へのヒント

♪ 全般に幻想的なイメージの音楽になっています。竜宮城の場面の音楽は、沖縄（琉球）の音階でできています。

♪ 「海の中へ」「ふるさとへ」は、黒鍵のグリッサンド（鍵盤上で指を滑らせる演奏法）で自由に表現してください。鉄琴やベルの黒鍵の音を即興的に加えることもできます。

♪ 「四季の部屋」「むかしむかしのものがたり」は、歌入りバージョンを聴いて覚えましょう。

 大道具

◆ 海

材料：水色や青色の布・ゴム・旗立てポール・旗立て台・画用紙など

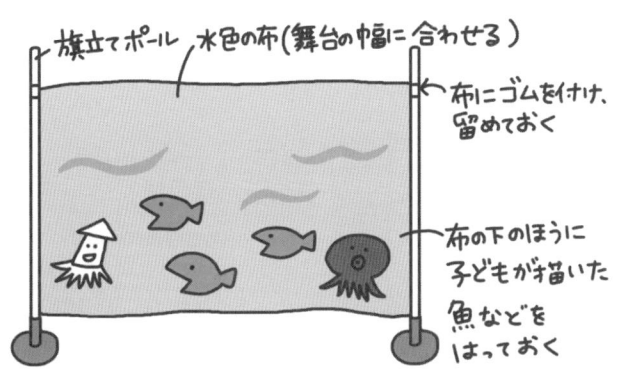

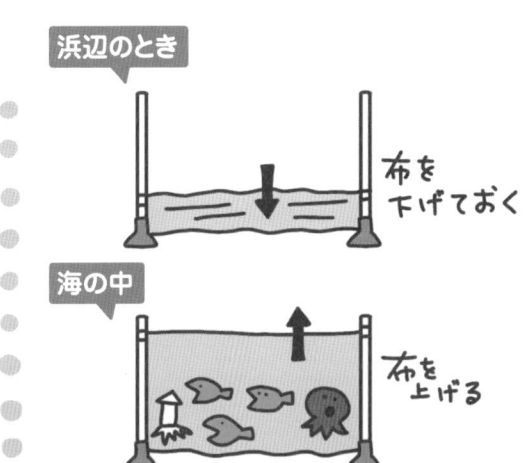

浜辺のとき / 布を下げておく

海の中 / 布を上げる

◆ 岩
材料：・段ボール ・新聞紙 ・絵の具など ・積み木 ・筒状のもの ・カラーセロハン ・竹ひごなど

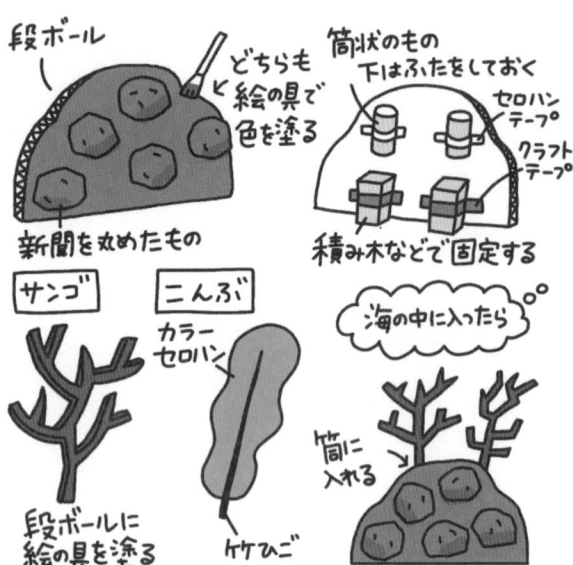

◆ 竜宮城
材料：・模造紙 ・画用紙やオーロラフィルムなど ・キャスター付きボードなど

小道具

◆ 玉手箱
材料：・段ボール箱 ・つや紙 ・ビニールテープ ・リボン

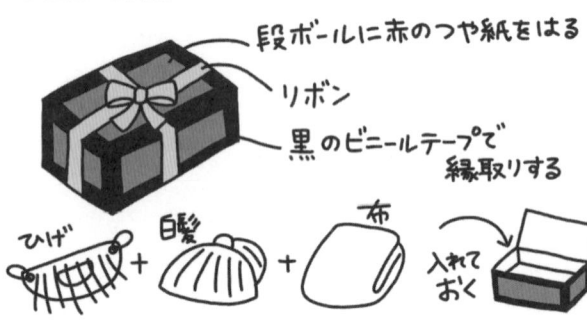

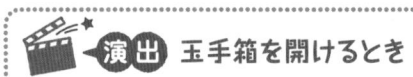
演出 玉手箱を開けるとき

◆ 村人（ペープサート）
材料：・ボール紙 ・絵の具など ・棒

 ## コスチューム (P.1〜8 巻頭カラーページを参考にしてください)

◆ うらしまたろう・おじいさんたろう

 着物A 基本の作り方は P.114
 ベスト 基本の作り方は P.115

衣装材料	・不織布 ・ゴム ・スズランテープ ・ビニールテープ ・マジックテープ
小物材料	・びく(市販のかごなど) ・ひも ・クラフト紙 ・たこ糸 ・銀ボール紙
ひげ材料	・不織布 ・ゴム ・毛糸
白髪材料	・不織布 ・スズランテープ ・ひも

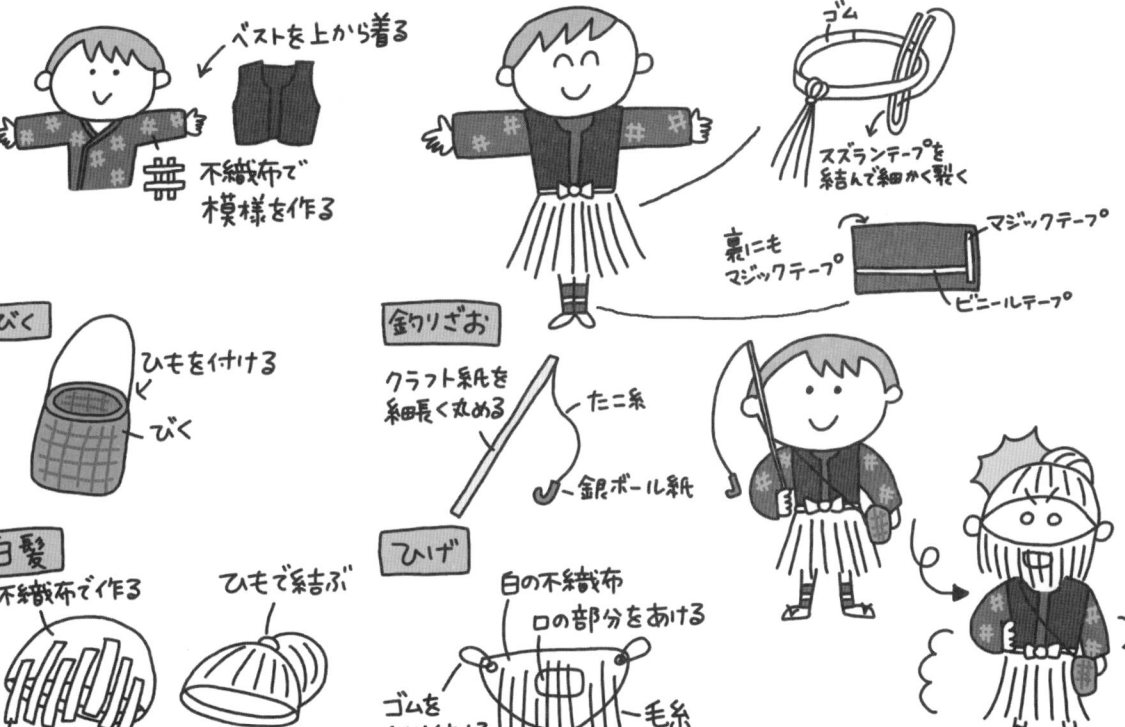

◆ かめ

 洋服 基本の作り方は P.115
 ズボンB 基本の作り方は P.116

衣装材料	・不織布 ・マジックテープ ・ゴム
帽子材料	・カラー帽子 ・不織布 ・綿
甲羅材料	・ザル ・不織布 ・金テープ ・ゴム

◆ こども  +

衣装材料
・不織布　・ゴム
・折り紙（切り紙の作り方はP.117）

◆ さかな

帽子材料
・カラー帽子2つ
・不織布

衣装材料
・不織布
・マジックテープ

◆ 乙姫様  + 羽織 +

衣装材料　・不織布　・金テープ　・カラーポリ袋　・リボン　・ゴム　・折り紙（切り紙の作り方はP.117）

冠材料　・くし　・モール　・キラキラボール紙　・ビニールテープ　・マジックロープ　・針金　・レース不織布

26

◆ 春の花 +

| お面材料 | ・画用紙 ・輪ゴム ・フラワーペーパー | 衣装材料 | ・不織布 ・マジックテープ ・リボン ・フラワーペーパー |

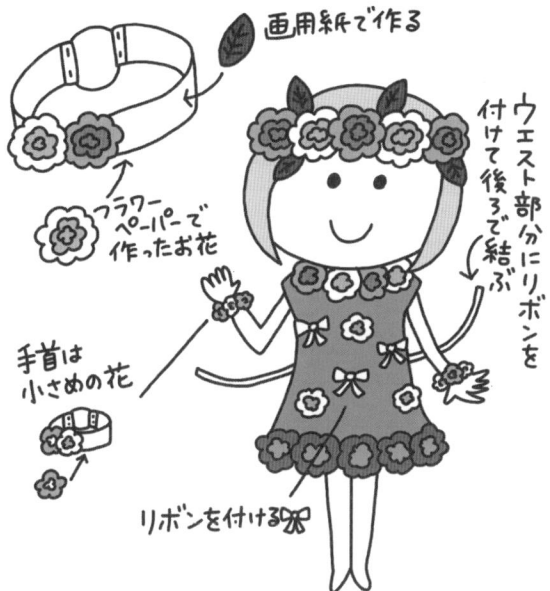

◆ 夏の太陽 +

| お面材料 | ・画用紙 ・輪ゴム ・金ボール紙 ・キラキラモール ・スズランテープ | 衣装材料 | ・不織布 ・マジックテープ ・リボン ・スズランテープ |

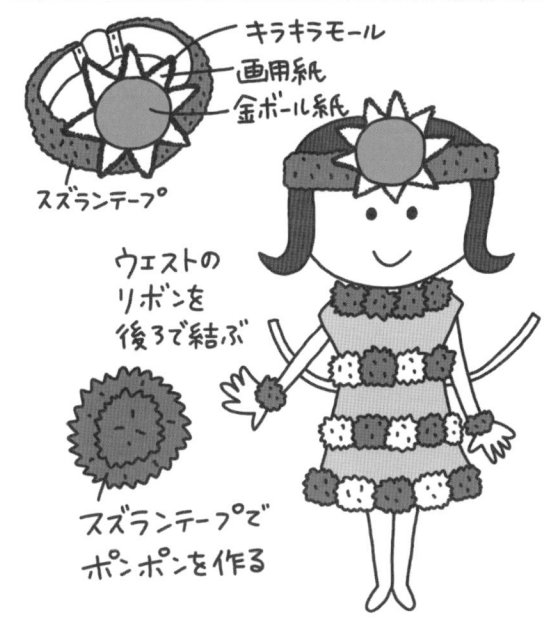

◆ 秋の紅葉 +

| お面材料 | ・画用紙 ・輪ゴム | 衣装材料 | ・不織布 ・画用紙 ・軍手 ・リボン ・ふわふわビーズ ・飾り付け用モール |

◆ 冬の雪 +

| お面材料 | ・画用紙 ・輪ゴム ・飾り付け用モール |
| 衣装材料 | ・不織布 ・折り紙 ・キラキラモール ・飾り付け用モール |

うらしまたろう　脚本（やさしい楽譜つき）

第一場 「村の浜辺」

- 舞台中央奥に海と岩がある。
- こどもたちとかめが、舞台の中央にいる。

CD 12　♪「情景A」　曲：中地 雅之

せりふの間中弾く。

ナレーター：「むかしむかしのおはなしです。
　あるむらのはまべに、うらしまたろうというなまえのわかものがいました。
　うらしまたろうは、まいにち　うみでさかなやかいそうをとっては、
　おかあさんとふたりでまずしくくらしていました。
　あるひのこと、うらしまたろうは　こどもたちがかめをいじめているのをみました」

こども：「やーい　やい　おまえは　おおきな　かめだなぁ」

こども：「ちょっと　せなかに　のせて　あるいて　ごらん」

こども：「あしを　ひっぱって　みようよ」

かめ：「くるしいよ　たすけてよ」

- たろう、上手よりかめのそばに来て。▶①

たろう：「かめが　くるしんで　いるよ　はなして　おやり。
　とおい　うみから　はるばる　きたんだよ」

こども：「そうなの？」

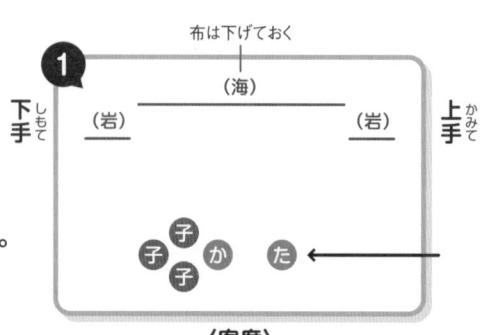

こども	「たろうさんが いうなら はなして あげようか」
こども	「うん そうだね」
たろう	「よかった さ はやく うみに もどりなさい」

・こどもたちは上手へ去る。

🎹 CD 13 ♪「情景B」 曲:中地 雅之 楽譜はP.28『情景A』参照 ・2小節目から弾いて繰り返さずに2カッコに入る。

・かめは頭を下げ、何度も振り返りながら下手へ去る。
・その後、たろうは上手へ去る。▶❷

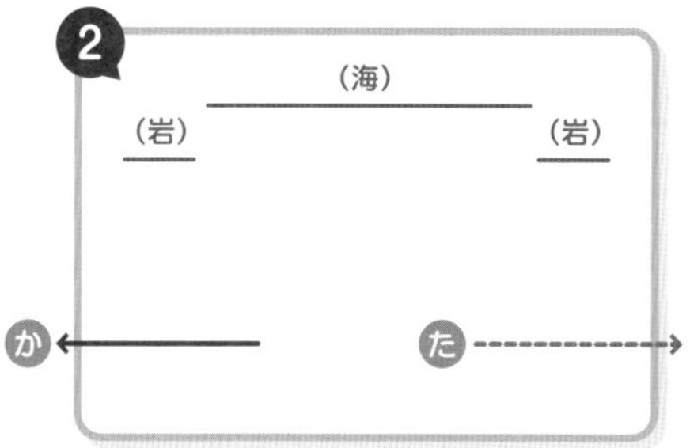

ナレーター	「つぎの ひの ことです」

・たろう、上手より舞台の中央へ。

たろう	「きょうは さかなが 1ぴきも つれないなあ」

・かめ、下手から登場する。

かめ	「たろうさん きのうは ほんとうに ありがとうございました。 おれいに りゅうぐうじょうへ おつれします」
たろう	「りゅうぐうじょう？ どんな ところ だろう いってみたいなぁ」
かめ	「いっしょに いきましょう」

🎹 CD 14 ♪「海の中へ」 曲:中地 雅之

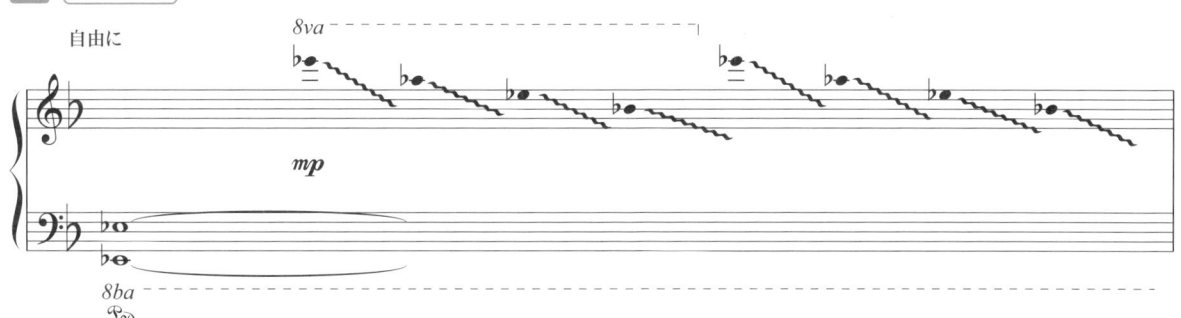

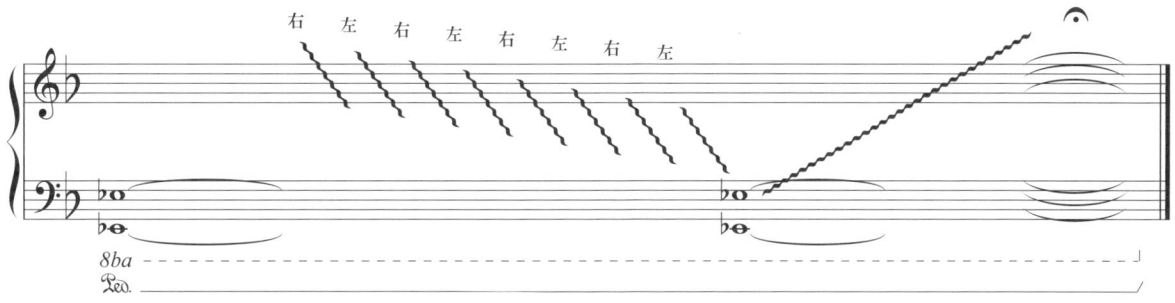

・すべて黒鍵で弾く。

- たろうとかめ、舞台を1周する。
- 海の布を上げ、岩にこんぶやサンゴを取り付けて海の中へ。　P.23・24　大道具「海と岩」参照

第二場「竜宮城」

かめ　「ほら　りゅうぐうじょうが　みえて　きました」

- さかなたちと乙姫様が竜宮城を持って下手より登場し、竜宮城を舞台中央奥に置く。▶❸

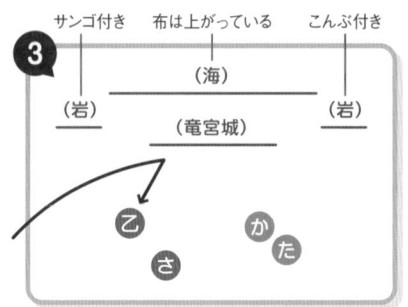

CD 15　♪「竜宮城」　詞:秋田 桂子／曲:中地 雅之

さかな
ようこそ　うらしまたろうさん
ここが　りゅうぐうじょうですよ　きれいでしょう
おいしい　ごちそう　たべてください
きれいな　おどりも　みてください

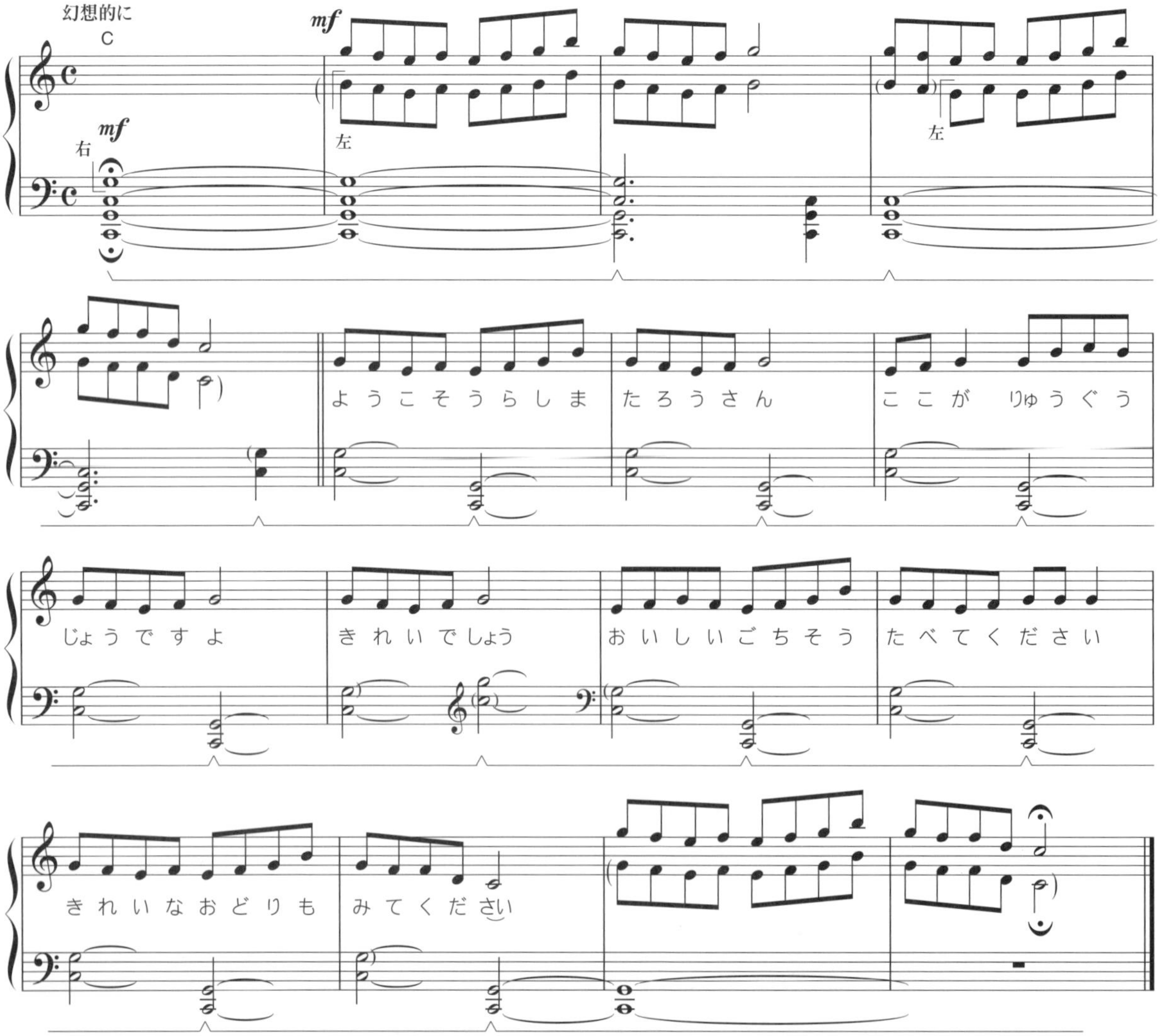

CD 16 ♪「歓迎のおどり」 曲:中地 雅之

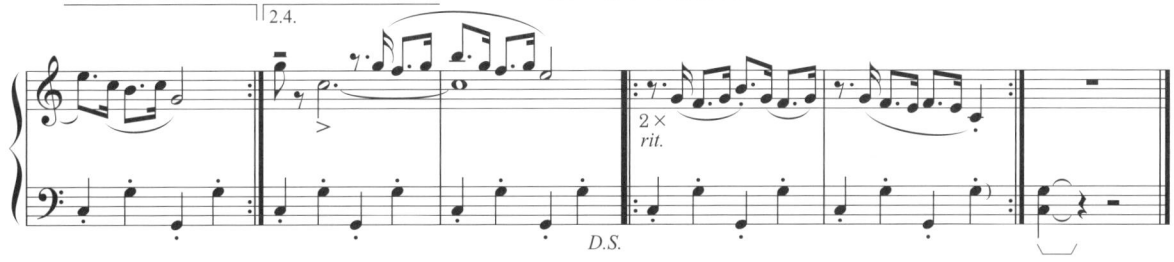

- さかなたちは 歓迎の踊りをする。

乙姫様「かめさんを
たすけて くれて ありがとう。
どうか ここで すきなだけ
すごして ください」

たろう「なんと すてきな ところ だろう」

乙姫様「りゅうぐうじょうの なかを
もっと みて ください」

- さかなたちとかめは上手へ去る。
- 乙姫様とたろう、舞台を1周する。
- 下手から、春の花が登場する。 ▶ ❹

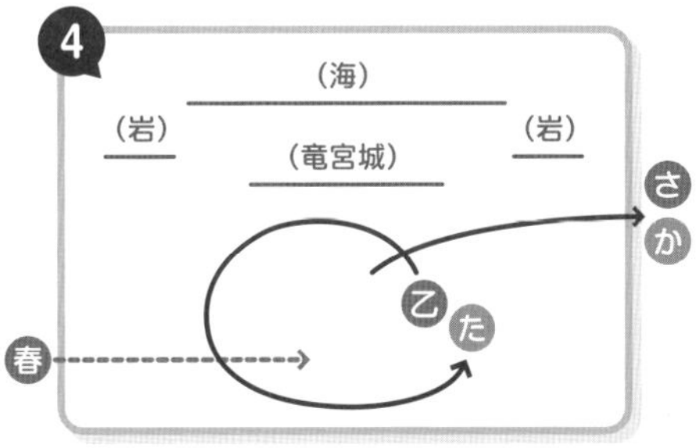

CD 17 ♪「四季の部屋(春)」 詞:秋田 桂子／曲:中地 雅之

春の花
やさしい うらしまたろうさん
ここが ひがしの おへやです きれいでしょう
はるの はなたちが たくさん さいて
ゆっくり あそんで くださいね
ららら るららら らんらら らん

楽譜は次ページへ ▶

▷▷ ♪「四季の部屋」 詞:秋田 桂子／曲:中地 雅之

乙姫様	・春の花、上手に去る。 「さぁ つぎの へやに いきましょう」
	・乙姫様とたろう、舞台を1周する。 ・下手から、夏の太陽が登場する。▶❺
たろう	「なんと すてきな ところ だろう」

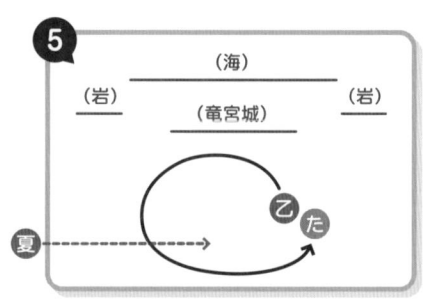

🎹 CD ⦿ 17 ♪「四季の部屋(夏)」 詞:秋田 桂子／曲:中地 雅之 楽譜は同ページ『四季の部屋』参照

夏の太陽	やさしい うらしまたろうさん ここが みなみの おへやです きれいでしょう きらきら きらり なつの たいよう ゆっくり あそんで くださいね らららら るららら らんらら らん
	・夏の太陽、上手に去る。
乙姫様	「さあ つぎの へやに いきましょう」

- 乙姫様とたろう、舞台を1周する。
- 下手から、秋の紅葉が登場する。▶ ❻

CD 17 ♪「四季の部屋（秋）」 詞:秋田 桂子／曲:中地 雅之 楽譜はP.32『四季の部屋』参照

秋の紅葉
やさしい　うらしまたろうさん
ここが　にしの　おへやです　きれいでしょう
あきの　もみじが　きいろや　あかで
ゆっくり　あそんで　くださいね
らららら　るららら　らんらら　らん

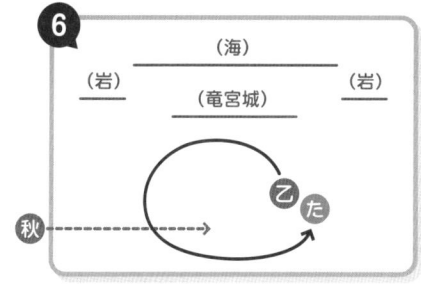

- 秋の紅葉、上手に去る。

乙姫様
「さあ　つぎの　へやに　いきましょう」

- 乙姫様とたろう、舞台を1周する。
- 下手から、冬の雪が登場する。▶ ❼

CD 17 ♪「四季の部屋（冬）」 詞:秋田 桂子／曲:中地 雅之 楽譜はP.32『四季の部屋』参照

冬の雪
やさしい　うらしまたろうさん
ここが　きたの　おへやです　きれいでしょう
ちらちら　つもる　ふゆの　ゆきが
ゆっくり　あそんで　くださいね
らららら　るららら　らんらら　らん

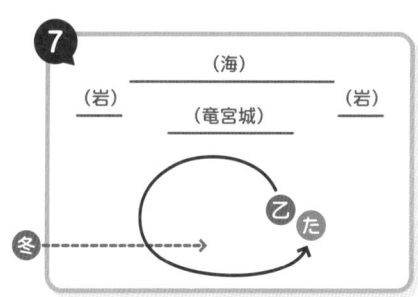

CD 18 ♪「ゆきのおどり」 詞:秋田 桂子／曲:中地 雅之

冬の雪
ひゅうひゅう　ひゅうひゅう　もっと　ふれ
ひゅうひゅう　ひゅうひゅう　もっと　ふれ

かんたんバージョン
- 右手のみでもよい。
  できれば、左手の各拍の
  最初の音（ファ＝F）を加
  えてもよい。

- たろうの周りを冬の雪が囲む。

たろう
「さむいなあ　そういえば　おかあさんは　どうしているかなあ。
　おとひめさま　わたしは　むらへ　かえりたいです」

乙姫様
「かなしいです。でも　かえるなら　わたしの　たからものを　あげましょう。
　これは　たまてばこです。
　また　ここに　もどりたければ　けっして　あけては　いけませんよ」

- 竜宮城の人たち、全員登場する。

春の花	「きを　つけて　おかえりください」
夏の太陽	「たまてばこを　おとさないようにね」
秋の紅葉	「けっして　あけないでね」
冬の雪	「それでは　どうか　きを　つけて」
みんな	「さようなら　たろうさん」
たろう	「さようなら　みなさん　ありがとう」

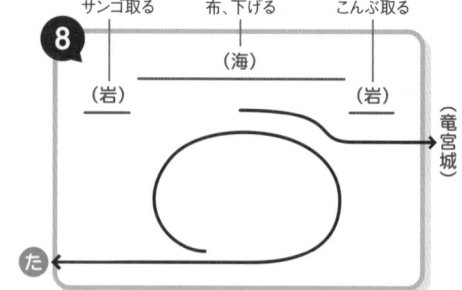

🎹 CD 19 ♪「ふるさとへ」　曲：中地 雅之

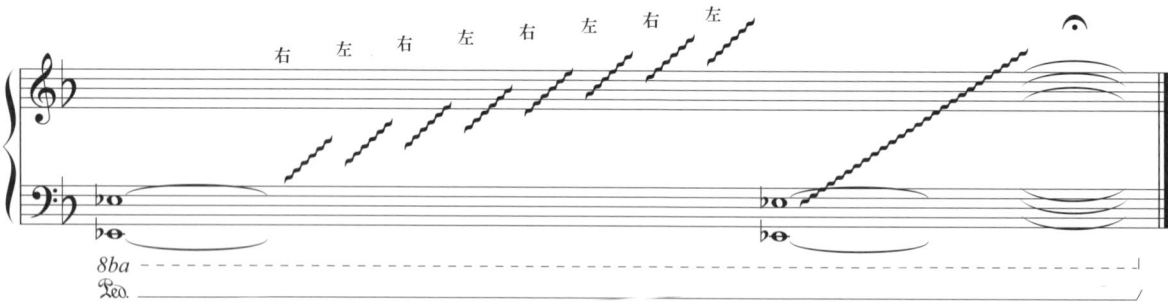

・すべて黒鍵で弾く。

・たろう以外は、海の幕を下げて岩のこんぶ・サンゴも取り、竜宮城とともに上手へ去る。
・たろうは舞台を逆に1周して下手へ去る。▶ ⑧

第三場「元の村」

　　　　　・たろう、下手より登場。

| たろう | 「あれぇ　むらが　かわっている。おかあさんは　どこだ？」 |

　　　　　・村人（ペープサートの人形）、下手より登場。

たろう	「あのぉ　ぼくの　おかあさんを　しりませんか？」
村　人	「さあ？」
たろう	「あのぉ　となりの　じろべえさんを　しりませんか？」

村　人	「さあ？」
たろう	「あのぉ　あのぉ」
村　人	「……（無言で通り過ぎる）」

- 村人たち、上手側、舞台前方に集まって。

村　人	「むかし　このむらに　うらしまたろうと　いうひとが 　うみへ　でたまま　300ねんも　かえって　こないという　はなしを　きいたよ」

- 村人たち、上手へ去る。

たろう	「あれから　300ねんも　たったのか。だれも　しっている　ひとも　いない。 　さびしいなぁ。そうだ　この　たまてばこを　あけてみよう」

かんたんバージョン　・＊白鍵の上行グリッサンドで弾いてもよい。

CD 20 または 22　♪「玉手箱のけむり」　曲：中地 雅之

- たろう、玉手箱を開ける。
- 白い衣装を着た人が登場。
  玉手箱の中の布を広げる。
- 布に隠れて、たろうはおじいさんになる。
- たろう、顔を伏せたまま
  前に出てきて客席に顔を見せる。
- 全員が静かに登場し、
  舞台のあちらこちらに立つ。

P.24 演出「玉手箱を開けるとき」参照

発展バージョン

3本のペダルがあるグランドピアノでは、次のように演奏できます。
❶まず、最初の和音（全音符）の鍵盤を、＜音が出ないように＞して押さえ、
　中央のペダルを左足で踏み、最後まで踏んだままにします。
❷手だけを離して、16分音符の部分を右のペダルを踏みながら演奏します。
❸16分音符を弾き終わったら右のペダルだけを外し、左足で踏んだ中央の
　ペダルはそのまま踏んだままにしておきます。
❹全体の和音の残響だけが余韻としてかすかに聴こえます。
アップライトピアノ、2本ペダルのピアノでは、この方法では演奏できません。
楽譜どおり、右のペダルを用いながら最初の和音を強く演奏します。
※CD20は、グランドピアノの中央ペダルを使用した発展バージョン、CD22
　は、楽譜どおりの演奏になっています。

CD 21　♪「むかしむかしのものがたり」　詞：秋田 桂子／曲：中地 雅之

全　員	たまてばこから　けむりが　でた むくむく　むくむく　けむりが　でた うらしまたろうは　あっというまに おじいさんに　なったとさ りゅうぐうじょうには　もう　もどれない また　あの　かめと　あえるかな これから　たろうは　どうして　くらす どうか　どうか　しあわせに 「むかし　むかしの　ものがたり」

楽譜は次ページへ ▶

シナリオ③ 5歳〜

日本の昔話
わらしべちょうじゃ

あらすじ

たろすけという貧乏な若者が金持ちの長者の娘を好きになり、結婚したいと思います。ところが長者に「結婚したいなら、このわら1本でお金をもうけてこい」と言われ旅に出ることに。そのわら1本がはすの葉に、そして味噌にと、次々と出会う人たちと取りかえっこをして、やがては殿様の小判にかわりました。たろすけは小判を持って帰り、長者の娘と結婚し、ふたりは幸せに暮らしました。

文:飯島敏子　絵:村上 豊
発行:ひかりのくに（書店では販売しておりません）

登場人物

- たろすけ
- 長者
- おかよ（長者の娘）
- とんぼ　● こども
- こどものお母さん
- おばあちゃん
- おじいちゃん
- 侍
- 殿様　● 家来

✧劇あそびにしたときの魅力

- 母親・子ども・老人・侍・殿様など、さまざまな人物が出てきて演じる人も見る人も楽しめます。
- 出会う人と持ち物を次々に交換していく主人公（たろすけ）のひょうひょうとした人のよさが魅力的であり、どうなっていくのだろうかと期待が持てます。
- 関西弁のユーモラスなせりふが夢のような話をより楽しくさせてくれます。

※劇中のせりふは関西弁を使用していますが、演じやすいよう変えてもかまいません。

♪音楽表現へのヒント

♪日本の伝統的なわらべうた風の音楽です。
♪旋律は、関西弁のイントネーションに応じています。歌いやすいように変更してもかまいません。
♪「プロムナード」「雨」「情景」で、場面や登場人物の転換を表現してください。イメージに合う打楽器を加えてもいいでしょう。
♪「終曲」は、2グループで交互に、またはカノン（輪唱）で歌うことができます。歌入りバージョンを参考にしてください。

大道具

◆ 背景
材料：・模造紙　・絵の具など

模造紙などに絵を描く
舞台の壁などにはる

◆ ついたて
材料：・段ボール　・段ボール箱　・模造紙や画用紙　・絵の具など

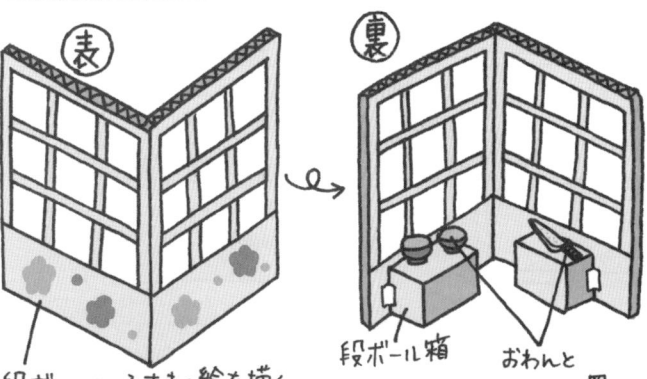

（表）（裏）
段ボールにふすまの絵を描く
段ボール箱
おわんとかみそりを置く

小道具

◆ わら
材料・クラフト紙

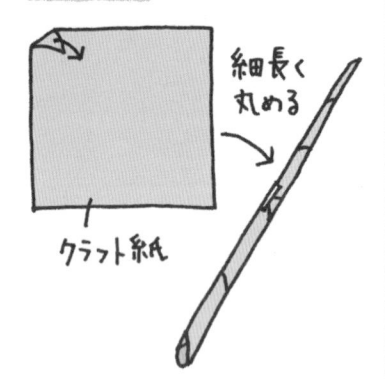

- クラフト紙
- 細長く丸める

◆ はすの葉
材料・画用紙・針金

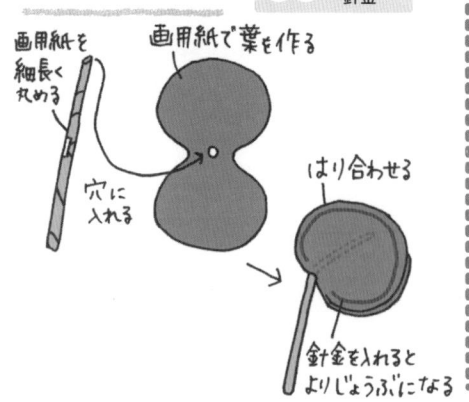

- 画用紙を細長く丸める
- 穴に入れる
- 画用紙で葉を作る
- はり合わせる
- 針金を入れるとよりじょうぶになる

◆ みそ
材料・空き箱・粘土・ふろしき

- 粘土など、少し重みのあるものを入れると、リアルになりGood
- ふたをして
- ふろしきで包む

◆ 月
材料・金ボール紙

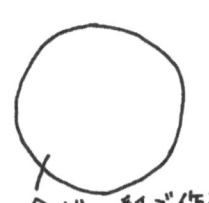

- 金ボール紙で作る

演出 月が出るとき
月を持って下手から上手へ。

◆ かみそり
材料・段ボール・ホイル・ビニールテープ

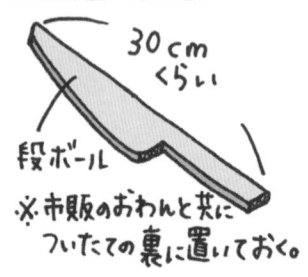

- 段ボール 30cmくらい
- ホイルを巻く
- 黒のビニールテープを巻く
- ※市販のおわんと共についたての裏に置いておく。

◆ 小判
材料・和風の布・ひも・段ボール・折り紙

- ひもでくくる
- 和風の布
- 中には小判を入れる
- 段ボールに金の折り紙をはる

◆ とんぼ
材料・画用紙・キラキラモールなど

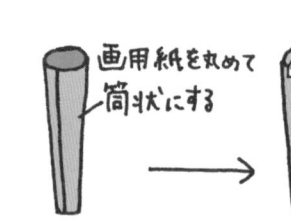

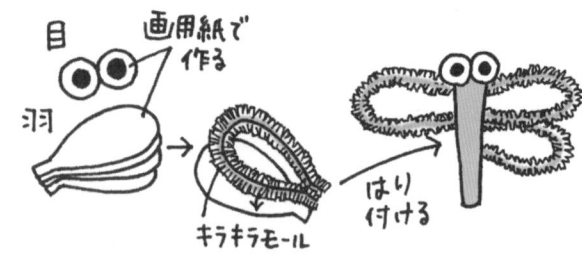

- 画用紙を丸めて筒状にする
- 画用紙でふたをして留める
- 目・羽 画用紙で作る
- キラキラモール
- はり付ける

演出 とんぼを渡すとき
とんぼの体が筒なので、ピアノ線などの棒に差して登場。たろすけに渡すときは、わらに差します。

たろすけのわらに差す

コスチューム （P.1〜8 巻頭カラーページを参考にしてください）

◆ たろすけ

着物A ＋ ズボンB
基本の作り方は P.114／P.116

衣装材料
・不織布
・ゴム

- 不織布で作った模様
- はる
- だてえりを付ける
- 不織布の帯
- すそにゴムを入れる
- ズボンの後ろに帯を付け前で結ぶ（後ろ）

◆ 長者

着物A ＋ ズボンB ＋ 羽織
基本の作り方は P.114／P.116／P.114

衣装材料
・不織布 ・ゴム
・リボン

- はおる
- 銀リボンを三つ編みにする
- たろすけのズボンと同じ作り方

◆ おかよ

着物B
基本の作り方は P.114

衣装材料
・不織布 ・厚紙
・マジックテープ ・リボン
・折り紙（切り紙の作り方はP.117）

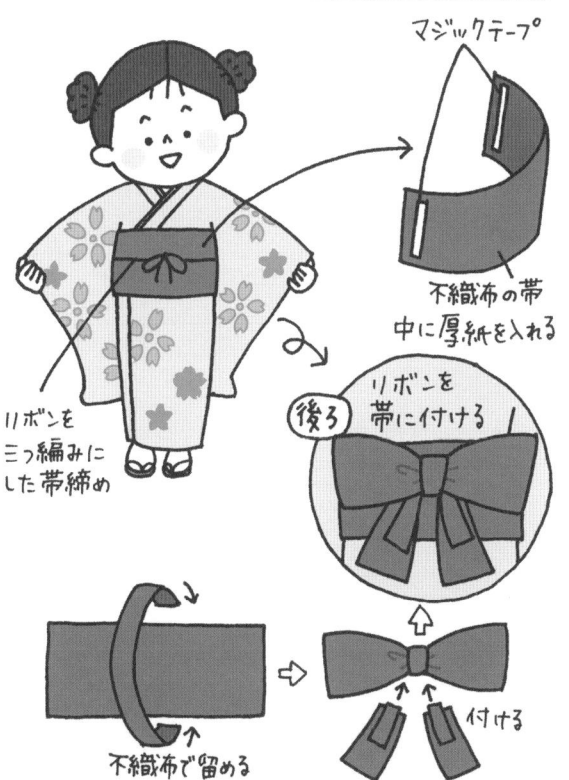

- マジックテープ
- 不織布の帯　中に厚紙を入れる
- リボンを帯に付ける（後ろ）
- リボンを三つ編みにした帯締め
- 不織布で留める
- 付ける

◆ とんぼ

耳付き帽子 ＋ ワンピース
基本の作り方は P.117／P.115

帽子材料 ・カラー帽子 ・不織布 ・綿

衣装材料 ・不織布 ・リボン ・銀テープ
・オーロラシート ・針金 ・ゴム

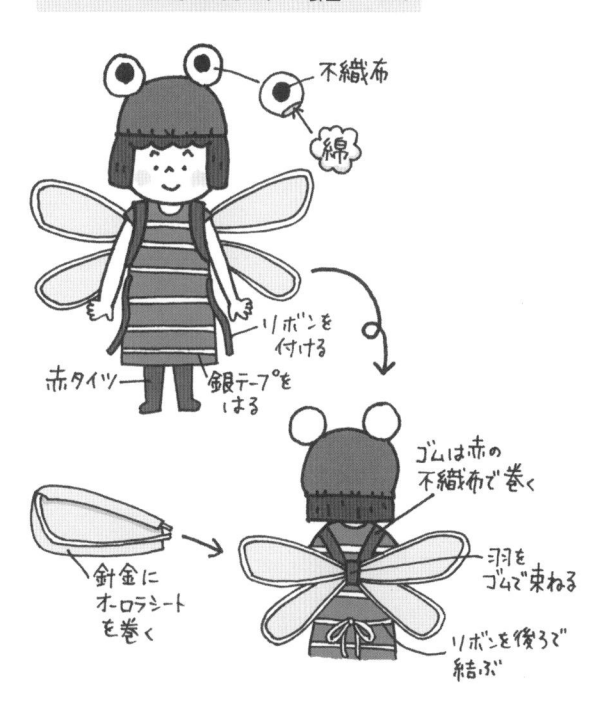

- 不織布
- 綿
- リボンを付ける
- 赤タイツ
- 銀テープをはる
- 針金にオーロラシートを巻く
- ゴムは赤の不織布で巻く
- 羽をゴムで束ねる
- リボンを後ろで結ぶ

③ 日本の昔話 わらしべちょうじゃ

◆ 母親

着物B 基本の作り方は P.114

衣装材料
- 不織布
- 厚紙
- マジックテープ
- 折り紙（切り紙の作り方はP.117）
- リボン

- 切り紙をはる
- そでは短め
- リボンを三つ編みにした帯締め
- マジックテープ
- 通す
- 厚紙を入れる
- 厚紙を入れた不織布を筒状にする

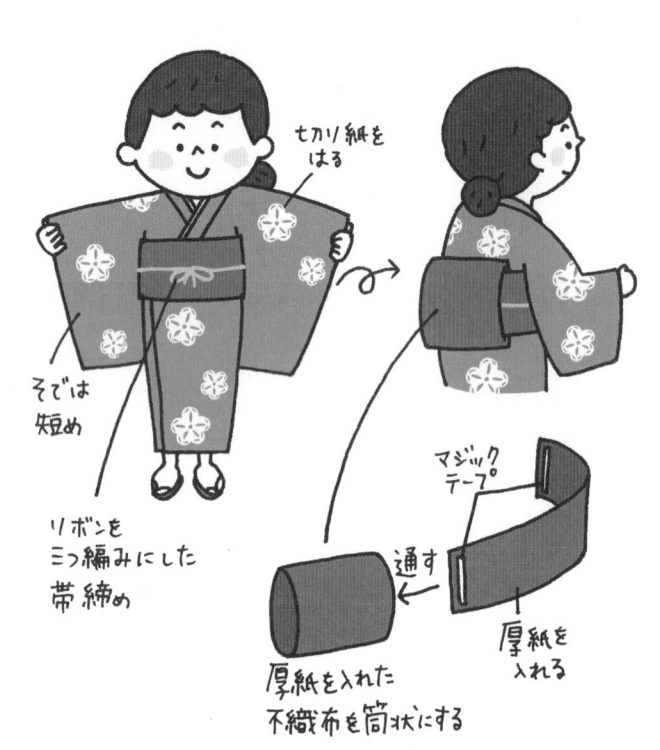

◆ こども

着物B 基本の作り方は P.114

衣装材料
- 不織布
- 折り紙（切り紙の作り方はP.117）

- 切り紙をはる
- そでは短め
- たけも短め
- 帯はゆかたの要領でチョウチョウ結びに

◆ おばあちゃん

着物B 基本の作り方は P.114

衣装材料
- 不織布
- 厚紙
- マジックテープ
- 三角きんなど
- 折り紙（切り紙の作り方はP.117）
- リボン
- ふろしき

- 三角きんか日本てぬぐい前で結ぶ
- リボンを三つ編みにした帯締め
- マジックテープ
- 帯は母親と同じ作り方
- 帯の上に巻く
- ふろしきなどで作る

◆ おじいちゃん

着物A 基本の作り方は P.114
ズボンB 基本の作り方は P.116
羽織 基本の作り方は P.114

衣装材料
- 不織布
- ゴム
- リボン

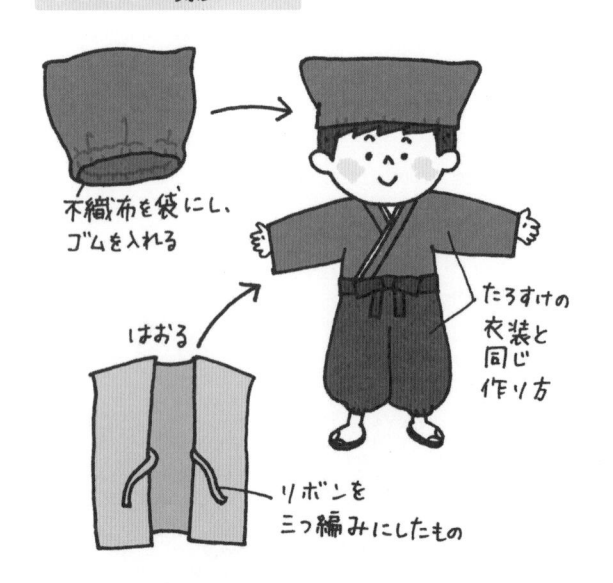

- 不織布を袋にし、ゴムを入れる
- はおる
- たろすけの衣装と同じ作り方
- リボンを三つ編みにしたもの

◆ 侍

かつら + 着物A + はかまA
基本の作り方は P.117 / P.114 / P.116

衣装材料	かつら	ひげ	刀材料
・不織布	・画用紙 ・輪ゴム ・クレープ紙	・不織布 ・毛糸 ・ゴム	・段ボール ・折り紙 ・ボール紙 ・金テープ ・ビニールテープ

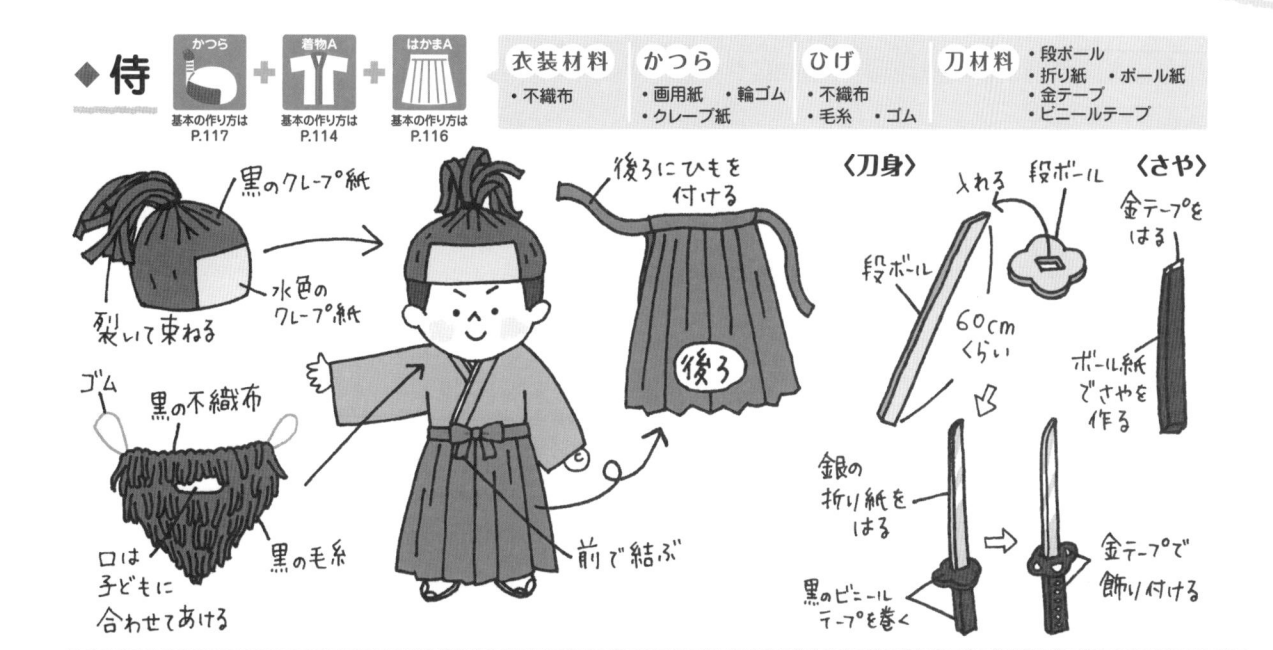

- 黒のクレープ紙
- 水色のクレープ紙
- 裂いて束ねる
- ゴム
- 黒の不織布
- 黒の毛糸
- 口は子どもに合わせてあける
- 後ろにひもを付ける
- 前で結ぶ

〈刀身〉
- 入れる
- 段ボール
- 60cmくらい
- 銀の折り紙をはる
- 黒のビニールテープを巻く

〈さや〉
- 金テープをはる
- ボール紙でさやを作る
- 金テープで飾り付ける

◆ 殿様

かつら + 着物A + はかまA + 着物B
基本の作り方は P.117 / P.114 / P.116 / P.114

衣装材料	・不織布 ・折り紙(切り紙の作り方はP.117) ・スズランテープ ・リボン
かつら	・画用紙 ・輪ゴム ・クレープ紙 ・不織布 ・キラキラモール

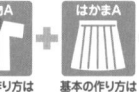

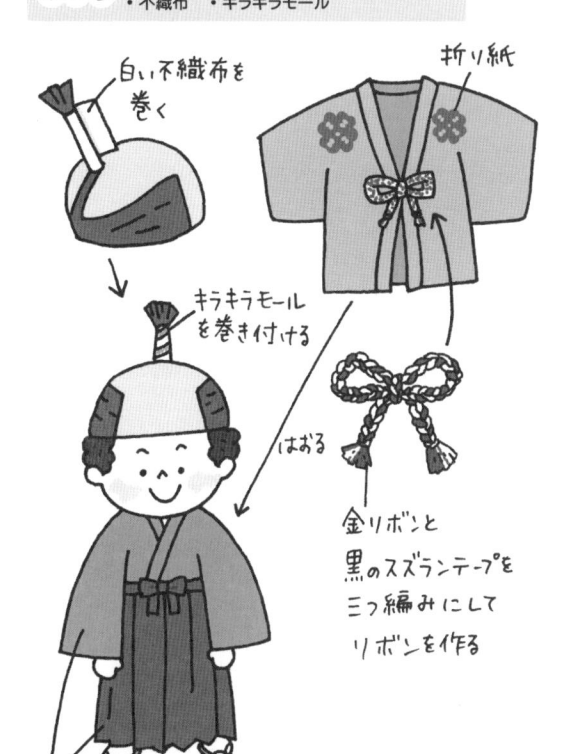

- 白い不織布を巻く
- 折り紙
- キラキラモールを巻き付ける
- はおる
- 金リボンと黒のスズランテープを三つ編みにしてリボンを作る
- 侍と同じ(色違い)

◆ 家来

かつら + 着物A + はかまB + 羽織
基本の作り方は P.117 / P.114 / P.116 / P.114

衣装材料	・不織布 ・折り紙(切り紙の作り方はP.117)	かつら	・画用紙 ・輪ゴム ・クレープ紙
弓矢など	・牛乳パック ・ひも ・ビニールテープ ・画用紙 ・クラフト紙 ・たこ糸 ・新聞紙		

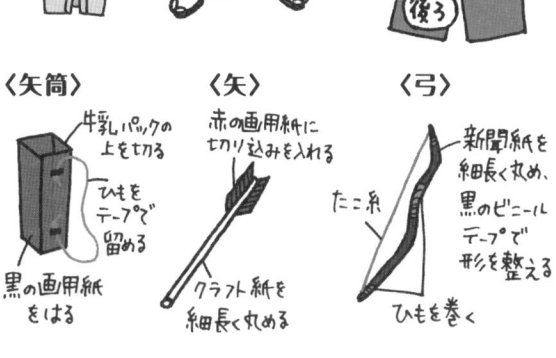

- 残りを上に持ってきて、先端を裂く
- 折り紙
- 後ろで束ねる
- 中はコレ
- 後ろにひもを付け前で結ぶ

〈矢筒〉
- 牛乳パックの上を切る
- ひもをテープで留める
- 黒の画用紙をはる

〈矢〉
- 赤の画用紙に切り込みを入れる
- クラフト紙を細長く丸める

〈弓〉
- 新聞紙を細長く丸め、黒のビニールテープで形を整える
- たこ糸
- ひもを巻く

③ 日本の昔話 わらしべちょうじゃ

わらしべちょうじゃ 脚本（やさしい楽譜つき）

第一場 「たろすけの村」

- 村の背景画が舞台中央奥にある。
- 全員、舞台にいる。▶❶

🎹 CD 23 ♪「序曲」 曲:中地 雅之

元気よく

cresc. simile

(最後 *rit.*)

- セリフが終わるまで（6回）繰り返す。

全員	ほいさっさ　ほいさっさ むかし　むかしの　おおさかは　せっつの　くにって　よばれてましてん

せりふの間中弾く。

ナレーター	「あるむらに　たろすけっちゅう　おひゃくしょうの　わかものが　おった 　たろすけは　びんぼうで　たべるもんも　ない 　でも　たろすけは　げんき　なんや 　だって　たろすけは　すきな　ひとが　おったからや」
おばあちゃん	「それは　だれ　だれ？」
おじいちゃん	「ちょうじゃどんの　むすめ」
こども	「ちょうじゃどんて　なんや？」
こどものお母さん	「おかねもち　おかねもち　おかねもちの　ひとや」
こども	「たろすけは　びんぼう」
こどものお母さん	「ちょうじゃの　むすめは　おかねもち」

- たろすけと長者、みんなの前に出て。

たろすけ	「ちょうじゃどん　ちょうじゃどん 　どうか　おかよさんを　およめさんに　ください」

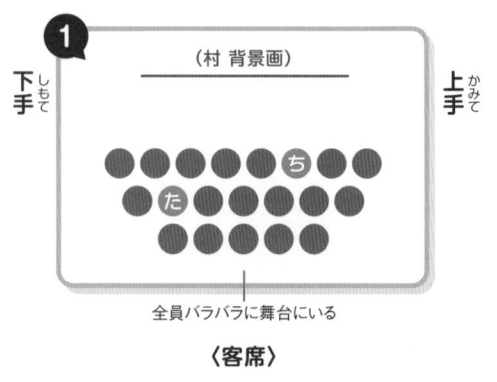

❶
（村 背景画）
下手　　　　　　　　　　　　　　　上手

全員バラバラに舞台にいる

〈客席〉

| 長者 | 「これは びっくり！ うーむ…よし それじゃ この わら 1ぽんで おかねを もうけてこい それなら おかよを やってもいいぞ」 |
| たろすけ | 「ほんまでっか ほな いってきます」 |

- たろすけを除き全員下手に去る。

第二場 「道中」

CD 24 ♪「プロムナードA」 曲:中地 雅之

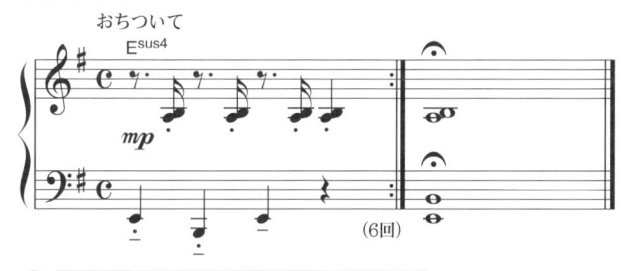

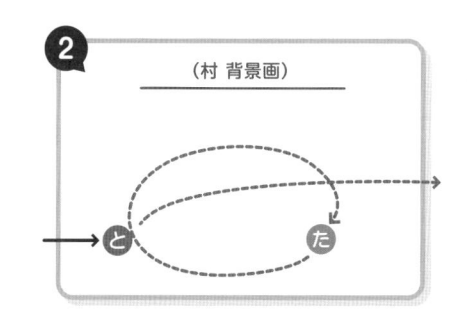

おちついて
E^{sus4}
mp
(6回)

- 右手はオクターブ変化させて弾いてもよい。

- たろすけ、舞台を1周する。
- とんぼが下手より飛んできてわらに止まる。とんぼ役、上手に去る。▶ ❷　P.38 演出「とんぼを渡すとき」参照

| たろすけ | 「わあ かわいい とんぼや わらに とまった！」 |

CD 25 ♪「プロムナードB」 曲:中地 雅之

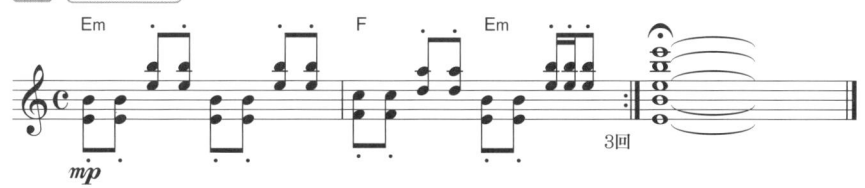

Em　　F　　Em
mp
3回

- 下手からこどもとその母、登場する。▶ ❸

こども	「あんなん ほしい ああん ああん」
たろすけ	「この とんぼが ほしいんか よしよし あげる」
こどものお母さん	「すんません おれいに この はすの はっぱを もって いって おくれやす」

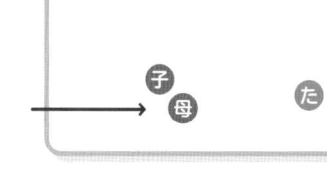

CD 26 ♪「たろすけのうた(とんぼ)」 詞:秋田 桂子／曲:中地 雅之

| たろすけ | おらの とんぼは はすの はっぱに とりかえっこ された おもしろいな だいじに しよ |

楽譜は次ページへ ▶

③ 日本の昔話 わらしべちょうじゃ

♪「たろすけのうた（とんぼ・はすのは・みそ）」　詞：秋田 桂子／曲：中地 雅之

1. おら の とん ぼ は はす のは っぱ に
2. おら のは す の はっ ぱ は みそ に
3. おら のおい しい み そ は かみ そり に
とりかえっこ さ れた おもしろ いな だいじに しよ

♪「たろすけのうた（かみそり）」　詞：秋田 桂子／曲：中地 雅之

4. おら のきれる かみそり は かたな に とりかえっこされた ちとこわ いな だいじに しよ

♪「たろすけのうた（かたな）」　詞：秋田 桂子／曲：中地 雅之

5. おら のりっぱ な かたな はこばん に とりかえっこされた こらうれし いな 「ばんざーいばんざーい」

CD 27 ♪「たろすけさんありがとう」　詞：秋田 桂子／曲：中地 雅之

母子

たろすけさん ありがとう
やさしい やさしい おかたやな
ほな きい つけて さようなら

44

▶▶ ♪「たろすけさんありがとう」　詞:秋田 桂子／曲:中地 雅之

やさしく

mp

con Ped.
力強く
(殿様)
f

🎵 **おじいちゃん
・殿様のとき左手は下段を弾く。

(殿様)

しあわせに　　しあわせに

やさしい　やさしい　おかたやな　ほな　きいつけて　さようなら

🎹 CD 25　♪「プロムナードB」　曲:中地 雅之　楽譜はP.43『プロムナードB』参照

・たろすけ、舞台を1周する。
・母子、上手へ去る。 ▶ ❹

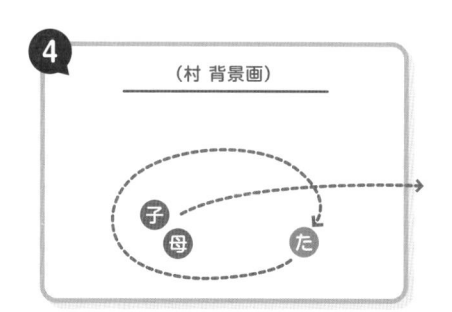

🎹 CD 28　♪「雨」　曲:中地 雅之

テンポと強弱を自由に変化させて

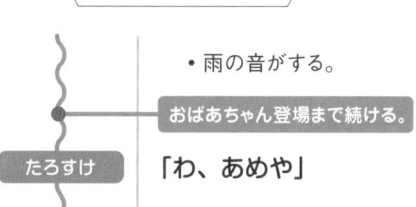

E^{sus4}

p〜mf

・雨の音がする。

おばあちゃん登場まで続ける。

たろすけ　「わ、あめや」

・たろすけ、はすの葉を傘にして歩く。

❹　(村 背景画)
子 母 た

③ 日本の昔話 わらしべちょうじゃ

たろすけ

「わらが　はすの　はっぱに　なりよった
　あめが　ふっても　へいきやし
　こりゃ　ええもんや」

・下手からおばあちゃん、走って登場。▶ ❺

❺　　　　　　　　　（村 背景画）

おばあちゃん

「あめに　ぬれて　たまらんな」

たろすけ

「おばあちゃん　これ　どうぞ」

おばあちゃん

「こら　ありがたい
　ほな　あんさん　この　みそと　かえっこ　しよう」

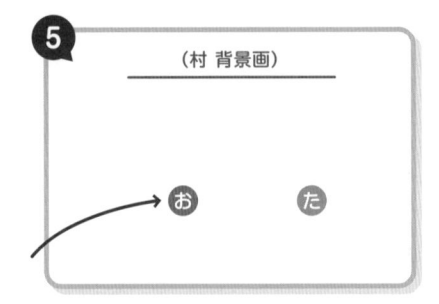

♪「たろすけのうた（はすのは）」　詞:秋田 桂子／曲:中地 雅之　楽譜はP.44『たろすけのうた』参照

CD 29

たろすけ

おらの　はすの　はっぱは　みそに
とりかえっこ　された
おもしろいな　だいじに　しよ

♪「たろすけさんありがとう」　詞:秋田 桂子／曲:中地 雅之　楽譜はP.45『たろすけさんありがとう』参照

CD 27

おばあちゃん

たろすけさん　ありがとう
やさしい　やさしい　おかたやな
ほな　きい　つけて　さようなら

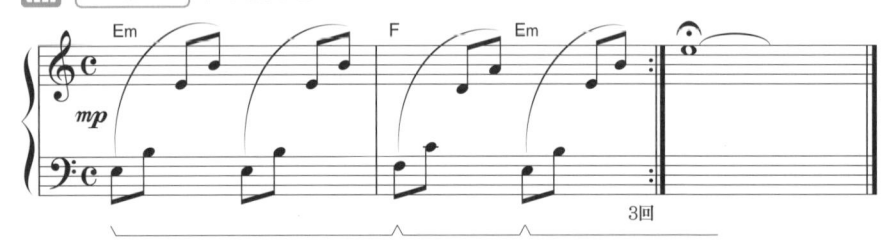

♪「情景」　曲:中地 雅之

CD 30

3回

・たろすけ、舞台を1周する。おばあちゃん上手へ去る。
・たろすけ、みそを手に持って歩く。
・月が下手から出てきて、上手に去る。　P.38 演出「月が出るとき」参照

たろすけ

「よるに　なって　きたなぁ
　ここらで　ねようか」

・下手からおじいちゃん、ゆっくり登場。

| おじいちゃん | 「こんな ところで ねてないで
わしの うちに とめて あげよ」 |

- おじいちゃんとたろすけ、舞台を1周する。
- ついたて（表）を出す。

| おじいちゃん | 「さぁ ここが わしの いえじゃ
ほな ねよう」 |

- ついたての後ろに入る。▶ ❻

| おじいちゃん・たろすけ | 「おやすみなさい」 |

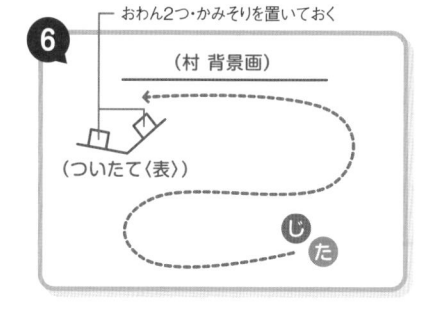

🎹 CD 30 ♪「情景」　曲:中地 雅之　楽譜はP.46『情景』参照

- 夜が明け、朝になる。
- おじいちゃん、ついたてを裏返して おかゆの碗を持ってくる。▶ ❼

❻ おわん2つ・かみそりを置いておく
（村 背景画）
（ついたて〈表〉）
じ　た

❼ ついたてを裏返す
（村 背景画）
（ついたて〈裏〉）
じ　た

③ 日本の昔話 わらしべちょうじゃ

| おじいちゃん | 「たろすけ おはよう」 |
| たろすけ | 「おじいちゃん おはよう」 |
| おじいちゃん | 「おいしい おかゆが できたよ
おかずは ないけんど さぁさぁ たんと たべてや」 |
| たろすけ | 「おかずが ないの？
なら おらの みそを おかずに しよう」 |

- みそを入れるふりをする。

| おじいちゃん | 「おうおう こら うまい みそや」 |
| たろすけ | 「おいしい おかゆを ごちそうさん」 |
| おじいちゃん | 「いやいや こっちこそ ごちそうさん
おれいに かみそり もっていけ」 |

🎹 CD 31 ♪「たろすけのうた（みそ）」　詞:秋田 桂子／曲:中地 雅之　楽譜はP.44『たろすけのうた』参照

| たろすけ | おらの おいしい みそは かみそりに
とりかえっこ された
おもしろいな だいじに しよ |

🎹 CD 32 ♪「たろすけさんありがとう（おじいちゃん）」 詞:秋田 桂子／曲:中地 雅之

楽譜はP.45『たろすけさんありがとう』参照

おじいちゃん
たろすけさん　ごちそうさん
やさしい　やさしい　おかたやな
ほな　きいつけて　さようなら

🎹 CD 33 ♪「プロムナードC」 曲:中地 雅之

いさましく

（楽譜）
3回

- たろすけ、舞台を1周する。
- おじいちゃんはついたてを持って上手へ去る。
- たろすけ、かみそりを手に持って歩く。▶ ❽

- 侍が釣りざおをさげて出てきて、後ろ向きで立っている。
  （顔を見せない）▶ ❾

❽ （村 背景画）
た → じ (ついたて)

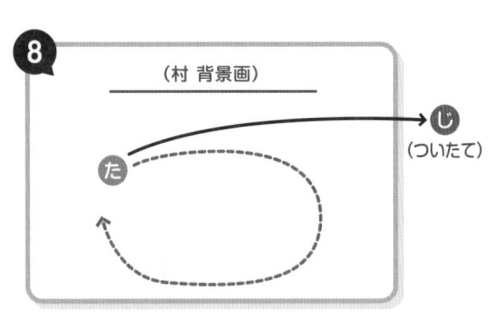

たろすけ
「あ　おさむらいさんが　つりざおを　もってるぞ
　もしもし　おさむらいさん　つりに　いくんですか？」

侍
「そうだよ」

- 侍が振り向く。
- ひげだらけの顔に、たろすけ驚く。

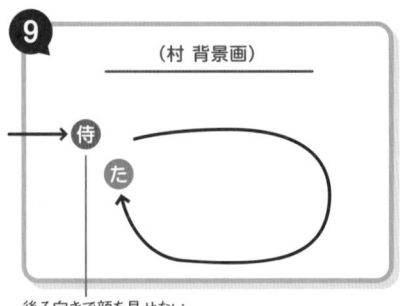

❾ （村 背景画）
侍
た
後ろ向きで顔を見せない

たろすけ
「ひゃあ　もじゃもじゃの　ばけもんやぁ」

侍
「ちがう　ちがう
　ひげが　のびとる　だけや
　そりたくても　かみそりがないもんでな」

たろすけ
「そんなら　おらが　そって　あげます
　じょりじょりの　じょり
　じょりじょりの　じょりじょり」

- 侍はひげを取る。

侍
「あぁ　さっぱり　した
　おれいに　かたなを　おまえに　やろう」

🎹 CD 34 ♪「たろすけのうた（かみそり）」 詞:秋田 桂子／曲:中地 雅之　楽譜はP.44『たろすけのうた』参照

たろすけ
おらの　きれる　かみそりは　かたなに
とりかえっこ　された
ちと　こわいな　だいじに　しよ

🎹 CD 32 ♪「たろすけさんありがとう」 詞:秋田 桂子／曲:中地 雅之　楽譜はP.45『たろすけさんありがとう』参照

侍
たろすけさん　ありがとう
やさしい　やさしい　おかたやな
ほな　きい　つけて　さようなら

- たろすけ、舞台を1周する。
- 侍、上手へ去る。▶ ⑩

🎹 CD 35 ♪「プロムナードD」 曲:中地 雅之

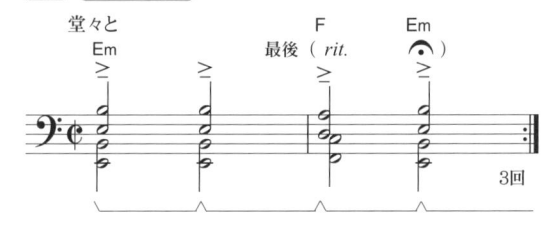

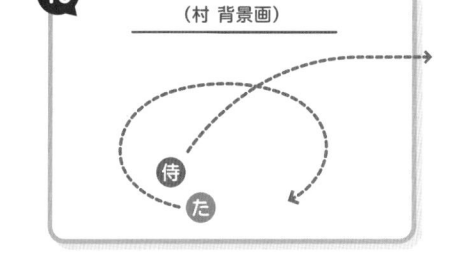

堂々と　　　　　　　　最後（ rit. ）
Em　　　　　　F　　　Em

3回

- 殿様の行列が下手からやって来る。▶ ⑪

家来　「そこに　いくもの　まちなさい」

家来　「とのさまの　おとおりじゃ」

たろすけ　「ははあ」

殿様　「お、よい　かたなを　もって　おるな
　　　　わしに　うっては　くれまいか
　　　　ほれ　これで　どうじゃ？」

- 袋に入った小判を出す。

たろすけ　「わぁ　こばんや！
　　　　　ははぁ　ありがとうございます」

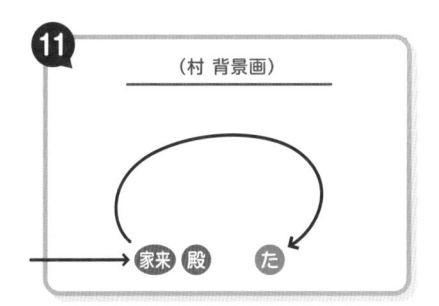

🎹 CD 36 ♪「たろすけのうた（かたな）」 詞:秋田 桂子／曲:中地 雅之　楽譜はP.44『たろすけのうた』参照

たろすけ
おらの　りっぱな　かたなは　こばんに
とりかえっこ　された
こら　うれしいな　「ばんざーい　ばんざーい」

③ 日本の昔話　わらしべちょうじゃ

| 🎹 CD 37 | ♪「たろすけさんありがとう（殿様）」 詞:秋田 桂子／曲:中地 雅之　楽譜はP.45『たろすけさんありがとう』参照 |

| 殿　様 | たろすけさん　ありがとう |

・左手は下段を弾く。

| 家　来 | やさしい　やさしい　おかたやな
ほな　しあわせに　しあわせに |

| 🎹 CD 35 | ♪「プロムナードD」 曲:中地 雅之　楽譜はP.49『プロムナードD』参照 |

・殿様たち上手へ去る。

| たろすけ | 「わら　1ぽんが　たくさんの　こばんに　なったぞ
　こら　うんが　ええ
　むらに　かえるとしよう」 |

| 🎹 CD 24 | ♪「プロムナードA」 曲:中地 雅之　楽譜はP.43『プロムナードA』参照 |

・たろすけ、舞台を1周する。

第三場 「もとの村」

| たろすけ | 「ちょうじゃど〜ん　ちょうじゃど〜ん」 |

・長者、登場する。

| たろすけ | 「ちょうじゃどん
　とのさまから　こんなに　たんと　こばんを　もらった」 |
| 長　者 | 「こりゃ　たまげた　たいしたもんじゃ<   むすめを　よぼう
　おかよ　おかよ〜」 |

・娘のおかよ、出てくる。▶⑫

おかよ（娘）	「はぁい　おととさん」
長　者	「たろすけが　おまえを　およめさんに　したいと　いうて　おるぞ」
おかよ（娘）	「わたしも　たろすけさんの　およめさんに　なりたいわ」
たろすけ	「それは　うれしい 　きょうから　ふたりで　いっしょうけんめい　はたらこう」
おかよ（娘）	「はい　はたらきます」
長　者	「めでたい　めでたい　さぁ　みなさん　おいわいじゃ」

- 全員出てくる。

CD 38 ♪「終曲」 詞:秋田 桂子／曲:中地 雅之

全員
たろすけさん　おかよさん　おめでとうさん　おめでとうさん
わら　いっぽんから　ちょうじゃに　なった
わらしべちょうじゃだ　わらしべちょうじゃだ
めでたい　めでたい　めでたいな

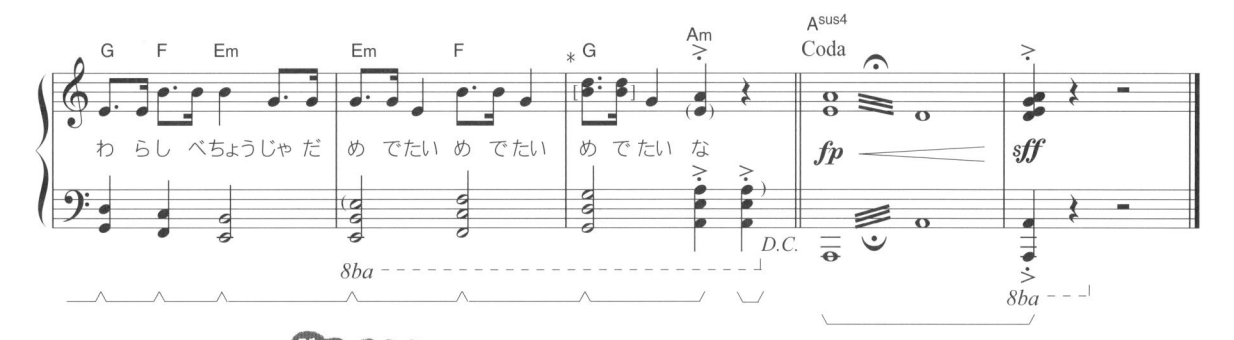

- 音が高い場合は、[ ]の音を歌う。

発展バージョン
- (ア)(イ)2つのグループに分かれてかけあいで歌ってもよい。
- D.C.の後は、うたの最初の4小節を通して歌って、2声のカノンにしてもよい。(2拍遅れ※のところで2声目が入る)

- 繰り返し歌って幕。

歌入り♪
ボーナストラックとして「終曲」の歌入りバージョンが入っています。

CD 90 ♪「終曲」

おしまい

シナリオ④
3・4・5歳

世界の名作
三びきのこぶたとおおかみ
(オペレッタ風)

あらすじ

三びきのこぶたのきょうだいが、それぞれわら・木・レンガの家を作ります。そこへ、おなかをすかせたおおかみがやって来て、大ぶたのわらの家、中ぶたの木の家を吹き飛ばしてしまいました。大ぶたと中ぶたは、いちばん下のこぶたが作ったレンガの家へ逃げます。おおかみは、レンガの家を吹き飛ばそうとしますがうまくいきません。そこで煙突から家の中へ…。そこには、大鍋に湯がグラグラ沸いていて、おおかみは大やけどをして逃げていきました。

『三びきのこぶた』
作：ジェイコブズ　文：やすいすえこ
絵：古味正康　発行：ひかりのくに（書店では販売しておりません）

登場人物
- おおぶた
- ちゅうぶた
- ちいぶた
- おおかみ

劇あそびにしたときの魅力

- よく知られたお話なので、演じる人も見る人もストーリーに沿って楽しむことができます。
- おおかみとこぶたたちとのやりとりが3回繰り返されるので覚えやすく楽しめます。
- 悪役（おおかみ）がかっこよく演じられるようなコスチュームや動きを工夫する楽しみがあります。

※原作では、大ぶたと中ぶたは、すぐにおおかみに食べられてしまうのですが、この脚本は劇あそびにふさわしく大ぶたや中ぶたが、小ぶたの家に逃げていくというなじみのある話を基にしました。

♪音楽表現へのヒント

♪ミニオペレッタ風の音楽です。「オープニング／エンディング」と「おうちがきまった」は、スイングのリズムに乗って歌ってください。

♪こぶたときょうだいたちの間にコントラストがつくように、テンポなど歌い方を工夫しましょう。「おうちをつくろう」では打楽器を加えてもいいでしょう。

♪せりふと音楽が重なる部分は、場面の進行に合わせて長さを調節してください。

大道具

◆ わらの家

材料：ポールや棒（子どもの背丈ほどの高さ3本）・ひも・段ボール・絵の具・フック・スズランテープ

演出　わらの家を建てるとき　吹き飛ばされるとき

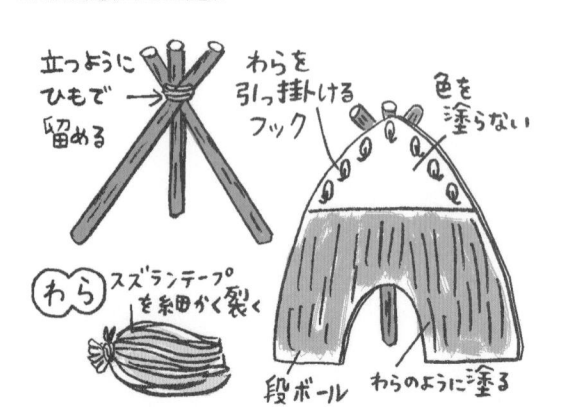

立つようにひもで留める
わらを引っ掛けるフック
色を塗らない
わら　スズランテープを細かく裂く
段ボール
わらのように塗る

家を建てるとき
フックにわらを掛ける

吹き飛ばされるとき
ふぅー
後ろの棒をずらし、倒す

◆ 木の家

材料
- 段ボール ・絵の具
- 両面テープ ・クラフトテープ
- ひも ・フック

演出　木の家を建てるとき、吹き飛ばされるとき

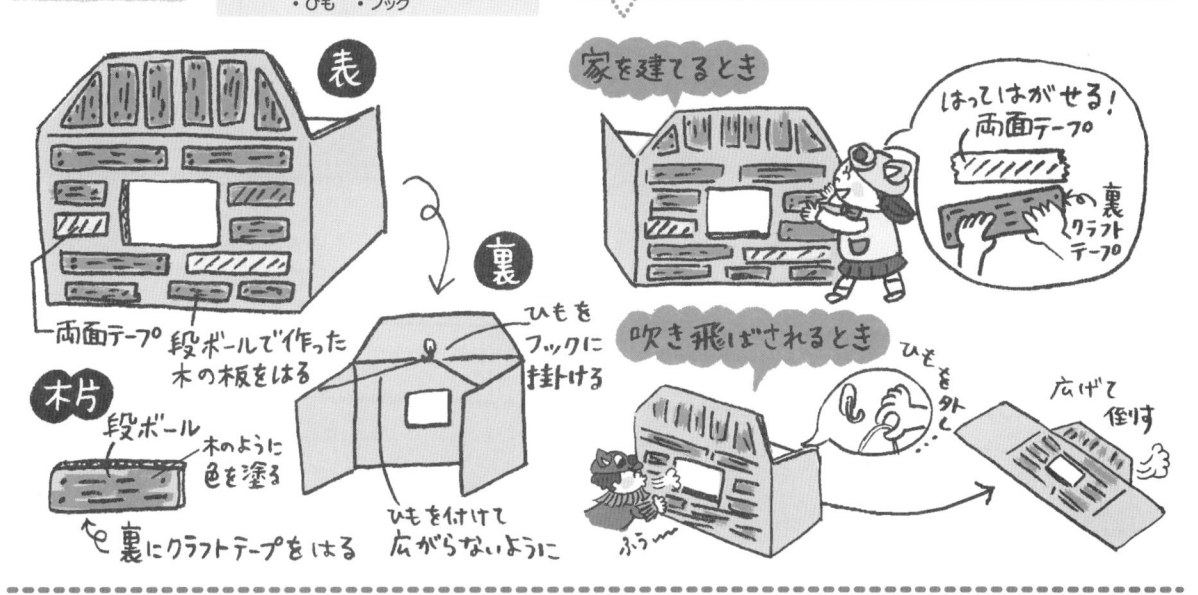

表

家を建てるとき

はってはがせる！両面テープ

裏

両面テープ
段ボールで作った木の板をはる
ひもをフックに掛ける

木片
段ボール
木のように色を塗る
裏にクラフトテープをはる

ひもを付けて広がらないように

吹き飛ばされるとき
ひもを外し
ふぅ〜
広げて倒す

◆ レンガの家

材料
- ティッシュペーパーの空き箱など
- 画用紙 ・積み木 ・段ボール ・絵の具

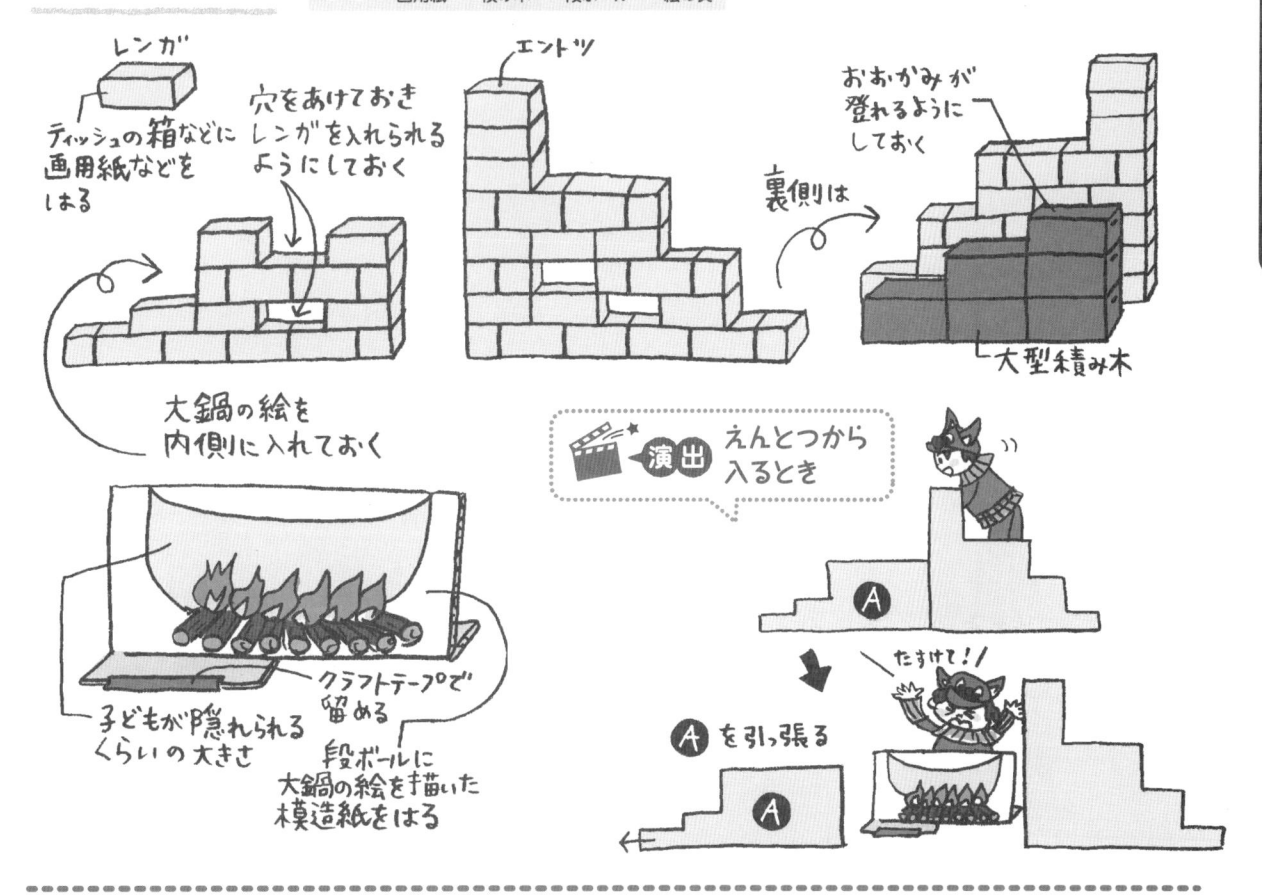

レンガ
ティッシュの箱などに画用紙などをはる

穴をあけておきレンガを入れられるようにしておく

エントツ

おおかみが登れるようにしておく

裏側は
大型積み木

大鍋の絵を内側に入れておく

子どもが隠れられるくらいの大きさ

クラフトテープで留める

段ボールに大鍋の絵を描いた模造紙をはる

演出　えんとつから入るとき

Ⓐ

たすけて！

Ⓐを引っ張る

◆ 背景

材料 ・模造紙 ・絵の具

模造紙に野原の絵を描き、壁などにはる。

④ 世界の名作　三びきのこぶたとおおかみ

小道具

◆ のこぎりなど
材料：・木片 ・段ボール ・空き箱 ・ホイル

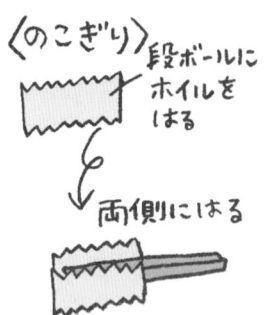

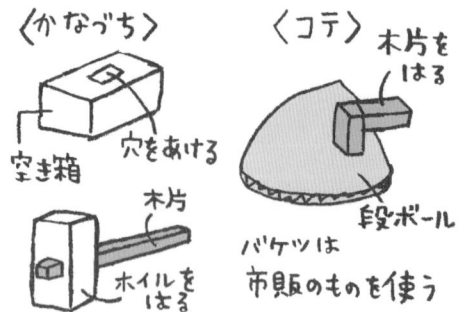

〈のこぎり〉段ボールにホイルをはる → 両側にはる

〈かなづち〉空き箱／穴をあける／木片／ホイルをはる

〈コテ〉木片をはる／段ボール／バケツは市販のものを使う

◆ リンゴやイモ
材料：・新聞紙 ・絵の具など ・ビニールテープ

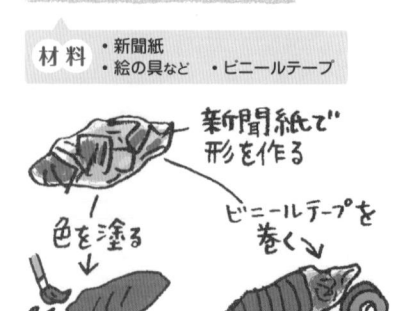

新聞紙で形を作る → 色を塗る／ビニールテープを巻く

コスチューム （P.1〜8 巻頭カラーページを参考にしてください）

◆ こぶた
耳付き帽子（基本の作り方は P.117） ＋ ベスト（基本の作り方は P.115）

衣装材料：・不織布 ・マジックテープ
帽子材料：・カラー帽子 ・不織布 ・綿 ・モール

茶色モール／不織布の中に綿を詰める／綿／マジックテープ／不織布でリボンを作る／不織布

それぞれ色違いで作る

◆ おおかみ
耳付き帽子（基本の作り方は P.117） ＋ 洋服（基本の作り方は P.115） ＋ ズボンA（基本の作り方は P.116）

衣装材料：・不織布 ・マジックテープ ・スズランテープ ・モール
帽子材料：・カラー帽子 ・不織布 ・綿

赤の不織布／白の不織布／不織布の中に綿を詰める／しっぽを付けても／モールを付ける／スズランテープを付ける／茶色の不織布の中に綿を詰める

ガオ〜

三びきのこぶたとおおかみ 脚本（やさしい楽譜つき）

第一場「野原」

- 舞台中央奥に野原の背景画がある。
- 舞台にこぶたたちがそろって立っている。 ▶①

CD 39 ♪「オープニング／エンディング」　詞：秋田 桂子／曲：中地 雅之

全員
ぶうぶうぶう　ぼくら　こぶた　（こぶた）
みんな　なかよし　きょうだいさ

※オープニングは、7小節目からピアノ伴奏のみ。
　歌詞を歌わずに、次ページのちいぶたの「よいしょ」までのせりふを言う。

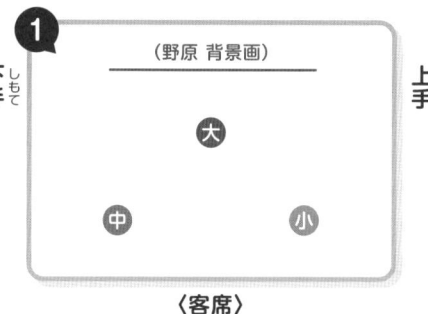

①
（野原 背景画）
大
中　　小
〈客席〉
下手　上手

セリフ：おおぶた
こわい おおかみ やっつけた　みんなで おおかみ やっつけた

セリフ：ちゅうぶた
よかった よかった　よかったね　これから もなかよく くらそうね「ぶう」

セリフ：ちいぶた
さんびきのこぶたと　おおかみ のおはなし　「これで　おしまーい」　「ぶぶぶのぶ」

- ♩=♩♩、♪♪=♪♪♪ のようにスイングして弾く。
- エンディングは、すべて歌詞を歌う。
- 右手のメロディーよりオクターブ低く歌う。

かんたんバージョン
- ＊右手は上の音のみを、左手は1・3拍目のみ、または1・3拍目と2・4拍目の下のみを弾く。

|せりふの間中弾く。|

おおぶた　「ぼくたちは　いちばん　おおきな　こぶただよ。
　　　　　　　ちからは　つよいし　なんでも　しってるんだ　えへん」

ちゅうぶた　「ぼくたちは　2ばんめに　おおきな　こぶただよ。
　　　　　　　とっても　やさしくて　おどりが　だいすき　にっこり」

ちいぶた　「ぼくたちは　いちばん　ちいさな　こぶただよ。
　　　　　　　ちからは　ないけど　はたらきものだよ　よいしょ」

おおぶた　「きょう　おとうさんと　おかあさんに　いわれたのさ」

ちゅうぶた　「おおきくなったのだから
　　　　　　　じぶんで　うちを　つくって　くらしなさいって」

ちいぶた　「なにで　つくればいいのかなあ。
　　　　　　　みんなで　かんがえよう」

- それぞれのグループ、輪になって相談する。
- おおぶた、中央に立つ。▶❷

❷（野原　背景画）
　中　　　小
　　　大

おおぶた　「きまった、きまった！」

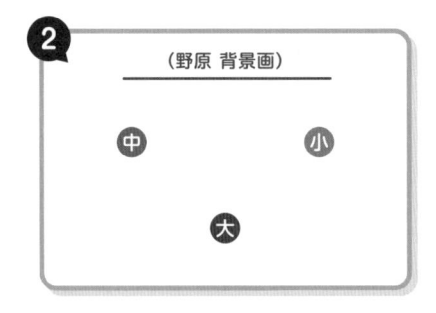

CD 40 ♪「おうちがきまった（おおぶた）」　詞:秋田 桂子／曲:中地 雅之

おおぶた　ぶうぶうぶう　それは　わら　わらの　おうちに　きまったのさ
　　　　　　わらの　おうちは　あったかい　わらの　おうちは　かーるかる
　　　　　　それに　なにより　すぐ　できる　こんな　すてきな　おうちは　ないでしょう
　　　　　　「さあ」　わらを　わらを　さがしに　いこう　いこう　いこう

♪「おうちがきまった」 詞:秋田 桂子／曲:中地 雅之

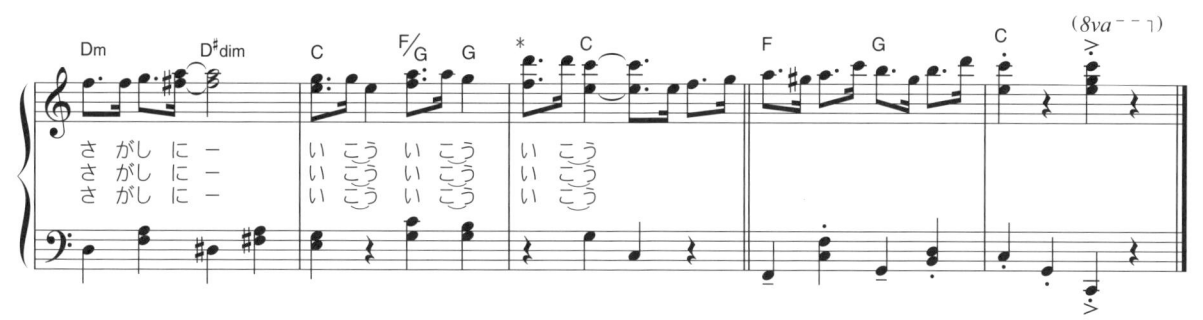

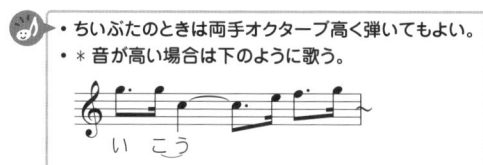

CD 41 ♪「おうちがきまった（ちゅうぶた）」　詞：秋田 桂子／曲：中地 雅之　楽譜はP.57『おうちがきまった』参照

ちゅうぶた

ぶうぶうぶう　それは　き　きの　おうちに　きまったのさ
きの　おうちは　かっこいい　きの　おうちは　いいにおい
それに　なにより　すぐ　できる　こんな　すてきな　おうちは　ないでしょう
「さあ」　きを　きを　さがしに　いこう　いこう　いこう

・ちゅうぶた、下手に去る。

ちいぶた

「みんな　いっちゃった。
　でも、やっときまったね！」

CD 42 ♪「おうちがきまった（ちいぶた）」　詞：秋田 桂子／曲：中地 雅之　楽譜はP.57『おうちがきまった』参照

ちいぶた

ぶうぶうぶう　それは　れんが　れんがの　おうちに　きまったのさ
れんがの　おうちは　じょうぶだよ　れんがの　おうちは　りっぱだよ
それに　なにより　こわれない　こんな　すてきな　おうちは　ないでしょう
「さあ」　れんがを　さがしに　いこう　いこう　いこう

・ちいぶた、下手に去る。
・下手からおおぶたが、わらの束とわらの家を持って出てくる。
・おおぶた、歌いながら、わらの家を建てる。▶ ❸

P.52　演出「わらの家を建てるとき」　参照

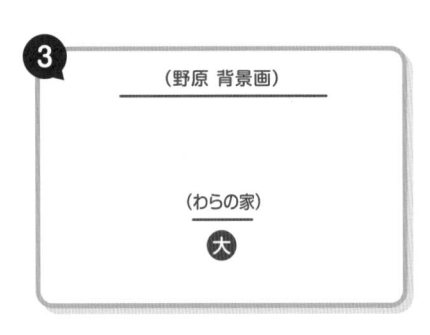

❸
（野原 背景画）

（わらの家）
大

CD 43 ♪「わらのおうちをつくろう」　詞：秋田 桂子／曲：中地 雅之

おおぶた

わらを　ならべて　さささのさ　わらを　ならべて　さささのさ
なわでしばってぎゅぎゅぎゅのぎゅう　なわでしばって　ぎゅぎゅぎゅのぎゅう
もひとつしばって　ぎゅぎゅぎゅのぎゅう
「ほーら」　すてきな　おうちが　もう　できた
ここで　たのしく　たべて　くらそうね　「ぶぶぶのぶ」

♪「わらのおうちをつくろう／木のおうちをつくろう」　詞：秋田 桂子／曲：中地 雅之

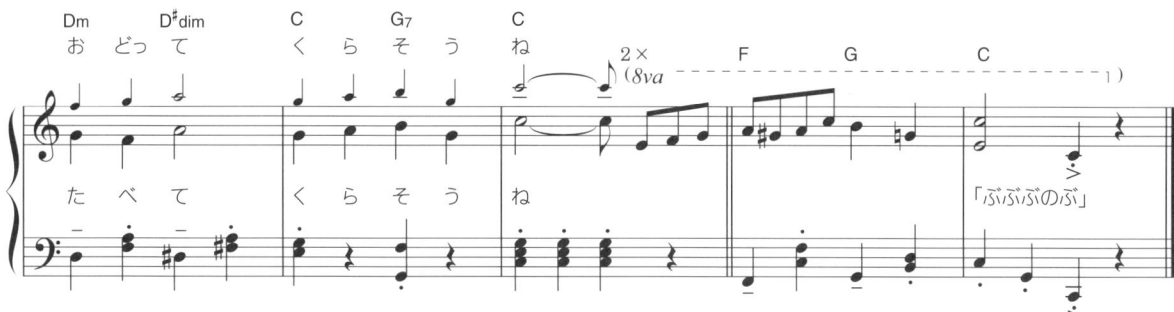

- おおぶた、家の前でおいしそうにリンゴやイモなどを食べる。
- 下手からちゅうぶたが、木の家や木片やのこぎり、かなづちなどを持って出てくる。
- ちゅうぶた、歌いながら、木の家を建てる。　P.53 演出「木の家を建てるとき」参照

CD 44　♪「木のおうちをつくろう」　詞：秋田 桂子／曲：中地 雅之　楽譜は同ページ『わらのおうちをつくろう／木のおうちをつくろう』参照

ちゅうぶた

きを　きるんだ　ギコギコギ　きを　きるんだ　ギコギコギ
くぎで　うって　とととのとん　くぎで　うって　とととのとん
もひとつうって　とととのとん　「ほーら」　すてきな　おうちが　もう　できた
ここで　たのしく　おどって　くらそうね　「ぶぶぶのぶ」

- ちゅうぶた、家の前で楽しそうに踊る。
- 下手からちいぶた、レンガやこてやバケツを持って出てきて、歌いながらレンガの家を建てる。

♪「レンガのおうちをつくろう」 詞:秋田 桂子／曲:中地 雅之

ちいぶた
レンガを つんで 「どっこいしょ」 レンガを つんで 「どっこいしょ」
レンガを 「よいしょ どっこいしょ」 レンガを 「よいしょ どっこいしょ」
レンガを つんで 「どっこいしょ ほーら」 すてきな おうちが 「まだできない」

おお・ちゅう
「おやぁ、ちいぶたちゃん どうしたの？ まだ できないの？
 たいへんだねぇ ぼくたちみたいに はやく つくれば いいのにね」

ちいぶた
レンガを つんで 「どっこいしょ」 レンガを つんで 「どっこいしょ」
レンガを 「よいしょ どっこいしょ」 レンガを 「よいしょ どっこいしょ」
レンガを つんで 「どっこいしょ ほーら」 すてきな おうちが 「やっとできた！」
ここで たのしく ゆっくり くらそうね 「ぶぶぶのぶ」

*ここで間を取っておおぶた・ちゅうぶたのせりふを入れる。

ちいぶた　「わぁい　やっと　できた」

CD 46 ♪「間奏曲」　曲:中地 雅之

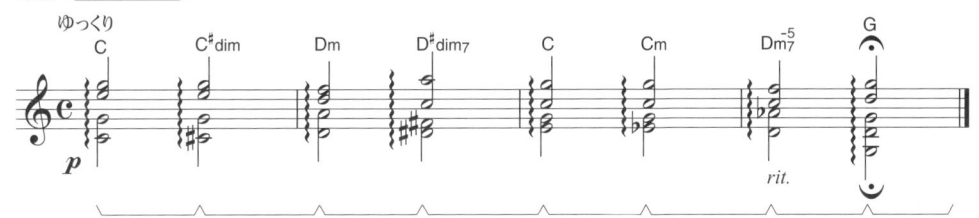

せりふの間中弾く。

ナレーター
「3びきのこぶたたちは
　それぞれおうちができて　くらしはじめました。
　さて、こののはらのはずれに
　いつもおなかをすかせたおおかみがすんでいました」

- ちいぶた、ちゅうぶたと
  それぞれの家は下手から退場。　▶❹

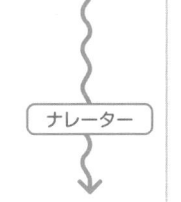

ナレーター
「おや、おおかみがやってきましたよ」

- 上手よりおおかみ、登場。
  中央に立つ。　▶❺

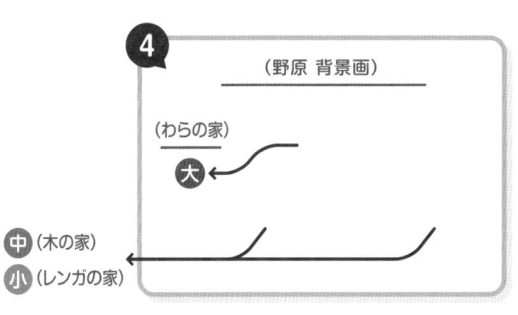

❹ （野原 背景画）
（わらの家）
大
中（木の家）
小（レンガの家）

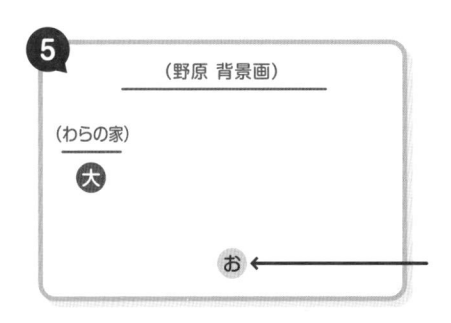

❺ （野原 背景画）
（わらの家）
大
お

CD 47 ♪「おおかみのうた」
　　　　詞:秋田 桂子／曲:中地 雅之

おおかみ
おれたち　おおかみ　つよいんだぞう
ピーンと　はった　みみ　おおきな　くち
「がお〜　がお〜」　とがった　きば
なんでも　つかめる　じょうぶな　て
だれより　はやい　この　あし
どうだ　どうだ　すごいだろう
それにしても　はらが　へる　「がお〜」

楽譜は次ページへ ▶

④ 世界の名作　三びきのこぶたとおおかみ

♪「おおかみのうた」 詞:秋田 桂子／曲:中地 雅之

おもおもしく / pesante f

おれたちおおかみ つよいんだぞう ピーンとはったみみ おおきな くち 「がお〜がお〜」 とがった きば なんでもつかめるじょうぶなて だれよりはやいこのあし どうだ どうだ すごい だろう それにしても はらがへ る 「がお〜」

おおかみ	「あそこに うちが あるぞ これは ぶたの においだ うまそうだ」

・おおぶたの家を中央に出す（中におおぶたがいる）。▶ ⑥

おおかみ	「おーい ぶたさーん すてきな うちだねぇ ぼくも いれてよ」
おおぶた	「きみは だれ？」
おおかみ	「ぼくは かっこいい おおかみさんだよ」

⑥ （野原 背景画）

大
（わらの家）
お

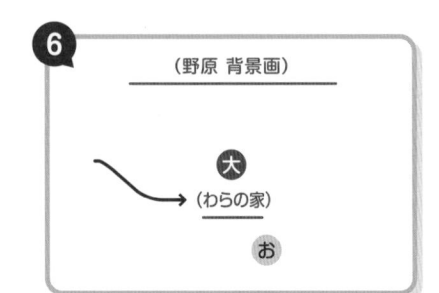

62

| おおぶた | 「おおかみだって？　いやーだよ」 |

| おおかみ | 「なんだと　それなら　たべてやる」 |

| おおぶた | 「すてきな　うちに　いるから　たべられないよ」 |

| おおかみ | 「こんな　うち　ふきとばしてやる。
　いきを　おおきく　すいこんで　ふうっと　ひといきで　ふきとばそ。
　こんな　わらのうち　かんたんさ。『そーれ　ふう〜』」 |

🎹 CD 48 ♪「家をふきとばせA」　曲:中地 雅之

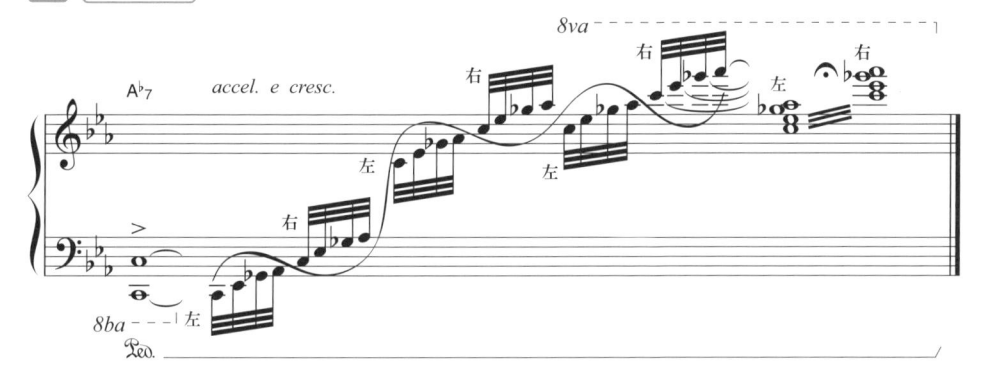

- せりふ『ふう〜』に合わせて弾く。
- かんたんバージョン ・白鍵の上行グリッサンドで弾いてもよい。

- おおぶた、わらの家を倒して。　P.52　演出「吹き飛ばされるとき」参照

| おおぶた | 「わぁ　たいへんだ　うちが　ふきとんだ。
　こわい　おおかみが　くるよ
　たすけて　たすけて　ちゅうぶたちゃん」 |

🎹 CD 49 ♪「たすけて　たすけて」　曲:中地 雅之

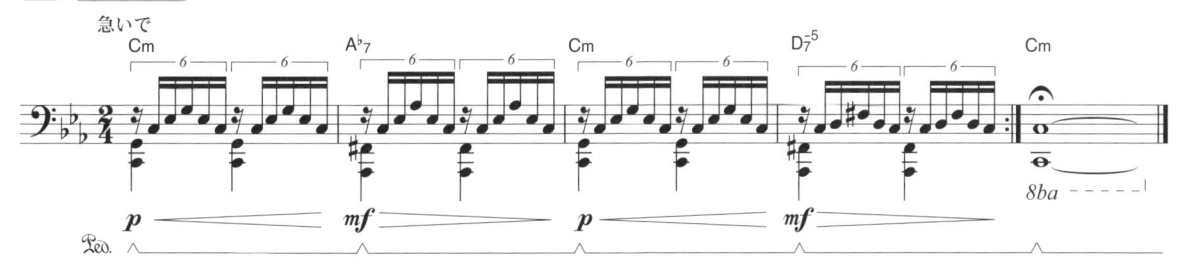

せりふの間中弾く。

かんたんバージョン ・右手を和音にして弾いてもよい。

| おおかみ | 「まて　まて　おいしそうな　おおぶたよ。
　ぜったい　ぜったい　たべてやる」 |

- おおぶたは、わらとわらの家を持って舞台を1周し、わらなどは舞台そでへ置く。
- おおぶたとおおかみが追いかけっこしている間に、ちゅうぶたの木の家を中央に出す。
 （中にちゅうぶたがいる。木片も隠しておく）
- おおぶた、逃げながら。▶ ❼

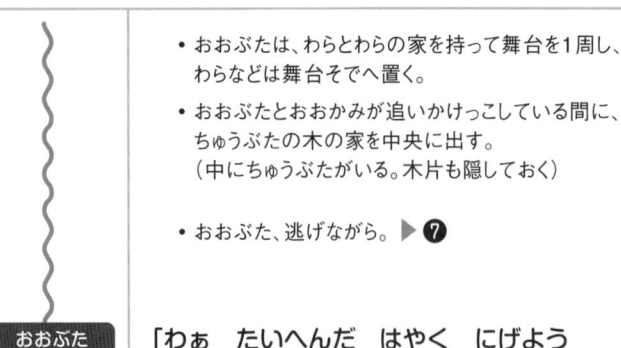

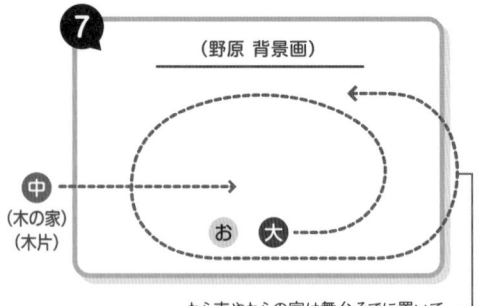

❼ （野原 背景画）

わら束やわらの家は舞台そでに置いて
さらに追いかけっこを続ける

おおぶた　「わぁ　たいへんだ　はやく　にげよう
　　　　　　こわい　おおかみが　きたよ。
　　　　　　たすけて　たすけて　ちゅうぶたちゃん」

ちゅうぶた　「いそいで　はいって　おおぶたちゃん」

- おおぶたも木の家に入る。
- おおかみ、追いついて。▶ ❽

❽ （野原 背景画）

おおかみ　「よーし　ここに　にげたな
　　　　　　こんどこそ　たべてやる。
　　　　　　おーい　ぶたさーん　すてきな　うちだねぇ
　　　　　　ぼくも　いれてよ」

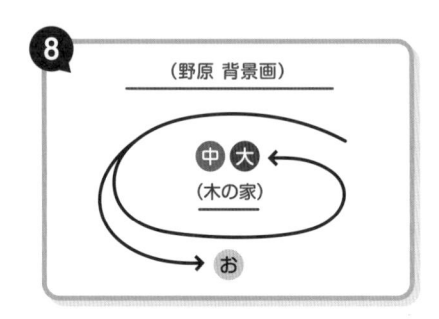

おお・ちゅう　「きみは　だれ？」

おおかみ　「ぼくは　かっこいい　おおかみさんだよ」

おお・ちゅう　「おおかみだって？　いやーだよ」

おおかみ　「なんだと　それなら　たべてやる」

おお・ちゅう　「すてきな　うちに　いるから　たべられないよ」

おおかみ　「こんなうち　ふきとばしてやる。
　　　　　　いきを　おおきく　すいこんで
　　　　　　ふうっと　ひといきで　ふきとばそ。
　　　　　　こんな　きの　うち　かんたんさ。『そーれ　ふう〜』」

♪「家をふきとばせB」　曲：中地 雅之　楽譜はP.63『家をふきとばせA』参照
CD 50

- せりふ『ふう〜』に合わせて弾く。
- 1回目は途中まで、2回目はすべて弾く。

おおかみ　「あれ　ふきとばないぞ
　　　　　　それなら　もう1かい。『そーれ　ふう〜』」

- ちゅうぶた、木の家を倒して。　P.53 演出「吹き飛ばされるとき」参照

| おお・ちゅう | 「わぁ たいへんだ うちが ふきとんだ。 こわい おおかみが くるよ。
　たすけて たすけて ちいぶたちゃん」 |

🎹 CD 49　♪「たすけて たすけて」　曲:中地 雅之　楽譜はP.63『たすけて たすけて』参照

> せりふの間中弾く。

| おおかみ | 「まて まて おいしそうな ちゅうぶたよ。
　ぜったい ぜったい たべてやる」 |

- ちゅうぶたとおおぶたは木片を持って舞台を1周し、
　木片と木の家を舞台そでへ置く。
- おおかみと追いかけっこしている間に、ちいぶたのレンガの家を中央に出す。
　（中にちいぶたがいる。火にかけた大鍋の絵を置いておく）

- おおぶたとちゅうぶた、逃げながら。

| おお・ちゅう | 「わぁ たいへんだ はやく にげよう
　こわい おおかみが きたよ。
　たすけて たすけて ちいぶたちゃん」 |
| ちいぶた | 「いそいで はいって おにいちゃんたち」 |

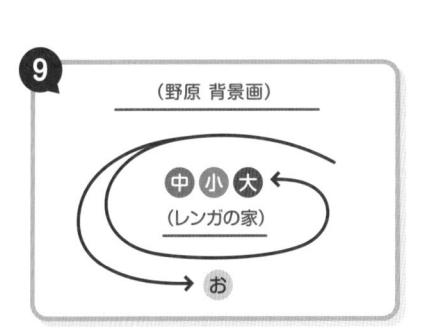

- おおぶた・ちゅうぶたもレンガの家に入る。▶ ❾
- おおかみ、追いついて。

おおかみ	「よーし ここに にげたな。こんどこそ たべてやる。 　おーい ぶたさーん すてきな うちだねぇ。ぼくも いれてよ」
おお・ちゅう・ちい	「きみは だれ？」
おおかみ	「ぼくは かっこいい おおかみさんだよ」
おお・ちゅう・ちい	「おおかみだって？ いやーだよ」
おおかみ	「なんだと それなら たべてやる」
おお・ちゅう・ちい	「すてきな うちに いるから たべられないよ」
おおかみ	「こんなうち ふきとばしてやる。 　いきを おおきく すいこんで ふうっと ひといきで ふきとばそ。 　こんな レンガの うち かんたんさ。『そーれ ふう〜』」

🎹 CD 51　♪「家をふきとばせC」　曲:中地 雅之　楽譜はP.63『家をふきとばせA』参照

- せりふ『ふう〜』に合わせて弾く。
- 1回目・2回目・3回目とも途中まで。

| おおかみ | 「あれ ふきとばないぞ。それじゃ もっともっと。
　『そーれ ふう〜』『そーれ ふう〜』」 |

❾　（野原 背景画）
（レンガの家）中 小 大　お

④ 世界の名作　三びきのこぶたとおおかみ

| おおかみ | 「あれー　ふきとばないぞ
　あんな　ところに　えんとつが　ある。
　よーし　えんとつから　なかに　はいろう」 |

　　　　• おおかみ、レンガの家を登っていく。　P.53 演出「えんとつから入るとき」参照

おおぶた	「ちいぶたちゃんの　うちは　じょうぶだねえ　ぶう」
ちゅうぶた	「でも　おおかみが　えんとつから　はいるって　いってたよ 　どうしよう？」
ちいぶた	「よーし　いい　かんがえが　ある」
おおぶた	「みんなで　だんろに　ひを　つけて　おゆを　わかそう」
ちゅうぶた	「おなべの　なかに　おおかみが　おちてきて　おおやけど」
おお・ちゅう・ちい	「さんせーい！」
おおかみ	「よいしょ　よいしょ 　この　えんとつから　はいろう。 　いち、にの、さん！　どぼーん！！」

　　　　• おおかみが飛び降りると同時に、
　　　　　レンガの家の左側を左に引っ張る。　P.53 演出「えんとつから入るとき」参照

CD 52 ♪「えんとつからはいろう」　曲：中地 雅之

かんたんバージョン・白鍵の下行グリッサンドで弾いてもよい。

| おおかみ | 「あちちち　あちちち　あちちの　ち。
　それ　にげろー」 |

- おおかみ、上手へ去る。

おおぶた　「ちいぶたちゃん　れんがの　おうちって　すてきだね」

ちいぶた　「おにいちゃんたちも
　　　　　　おおかみを　やっつけて　くれて　ありがとう」

🎹 CD 39　♪「エンディング」　詞:秋田 桂子／曲:中地 雅之　楽譜はP.55『オープニング／エンディング』参照

おお・ちゅう・ちい
ぶうぶうぶう　ぼくら　こぶた　（こぶた）
みんな　なかよし　きょうだいさ
こわい　おおかみ　やっつけた
みんなで　おおかみ　やっつけた
よかった　よかった　よかったね
これからも　なかよく　くらそうね　「ぶう」

- おおかみも出てくる。

さんびきの　こぶたと　おおかみの　おはなし
　「これでおしまい」　「ぶぶぶのぶ」

（歌入り）♪
🎵 ボーナストラックとして「エンディング」の歌入りバージョンが入っています。

🎹 CD 91　♪「エンディング」

おしまい

シナリオ⑤ 3歳〜

世界の名作
おおかみと七ひきのこやぎ

あらすじ

七ひきのこやぎのお母さんは、「おおかみが来てもぜったいにドアを開けてはだめよ」と言って出かけます。ところが、おおかみはこやぎたちをだまして、あっという間に六ぴきを食べてしまいました。帰ってきたお母さんは、末のこやぎといっしょにおおかみを探しに行きます。野原で寝ているおおかみを見つけおなかを切り開くと、こやぎたちはみんな無事でした。かわりにおなかに石を入れられたおおかみは、井戸に水を飲みに行きドボンと落ちてしまいました。

文：飯島敏子 絵：末崎茂樹
発行：ひかりのくに（書店では販売しておりません）

登場人物
- お母さんやぎ
- こやぎ
- おおかみ
- 粉屋

劇あそびにしたときの魅力

- よく知られたお話で、結末もわかっているので、演じる人も見る人も安心してストーリーに沿って楽しむことができます。
- かわいいやぎたちと憎らしいおおかみの動きやせりふが対比されて繰り返されるので、劇あそびとして楽しめます。
- 何度もだましにくるおおかみに負けてしまうこやぎたちにハラハラさせられます。
- おおかみに食べられた後の母やぎの賢さと協力するこやぎたちのかわいらしさに応援したくなります。

♪音楽表現へのヒント

- ♪こやぎたちの音楽は、西ヨーロッパの子どもの歌のスタイルになっています。
- ♪「こなやのうた」「いしをつめよう」は、スイングのリズムに乗って歌います。
- ♪「おおかみのうた」は、伴奏とせりふのかけあいを生かしてください。
- ♪「がぶっ がぶっ」「じょっき じょっき」は、場面の演出に合わせて演奏方法を工夫してください。打楽器を加えてもおもしろいでしょう。

大道具

◆やぎの家
材料：積み木・段ボール・牛乳パック・絵の具・画用紙など

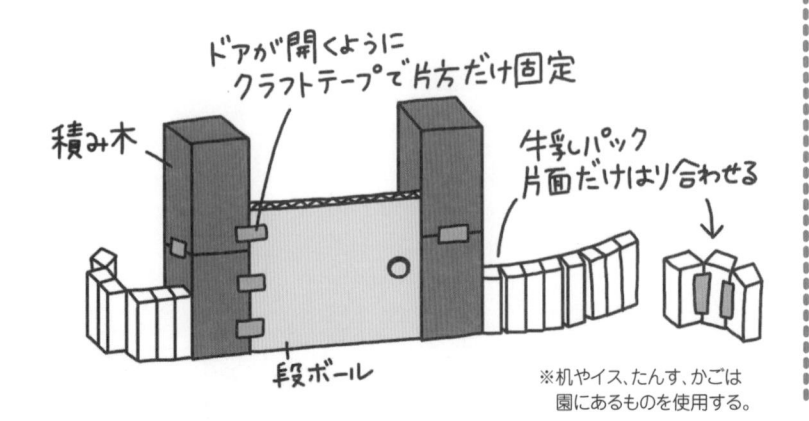

- ドアが開くようにクラフトテープで片方だけ固定
- 積み木
- 牛乳パック片面だけはり合わせる
- 段ボール

※机やイス、たんす、かごは園にあるものを使用する。

◆時計
材料：段ボール箱・絵の具など

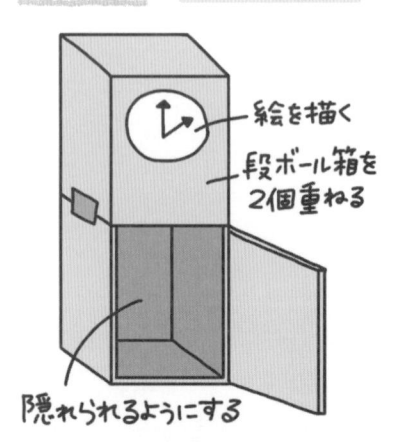

- 絵を描く
- 段ボール箱を2個重ねる
- 隠れられるようにする

◆ 木・草むら

材料：積み木・段ボール・絵の具・画用紙

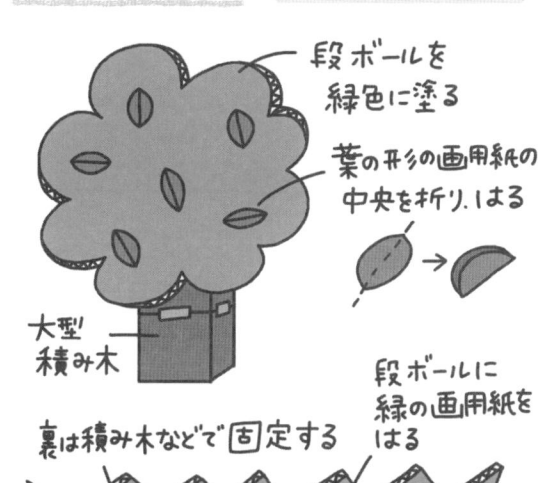

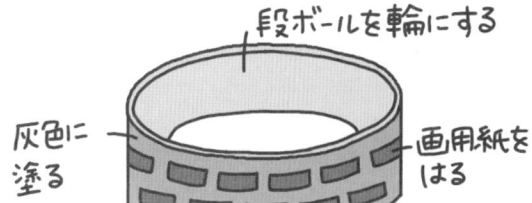

- 段ボールを緑色に塗る
- 葉の形の画用紙の中央を折り、はる
- 大型積み木
- 裏は積み木などで固定する
- 段ボールに緑の画用紙をはる

◆ 井戸

材料：段ボール・絵の具・画用紙

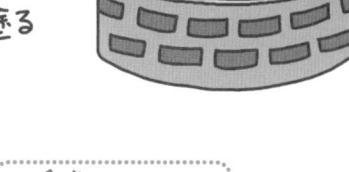

- 段ボールを輪にする
- 灰色に塗る
- 画用紙をはる

演出：井戸に落ちるとき
井戸の後ろに積み木などを置き、子どもが上って、井戸の中に入れるようにしておきます。

積み木など

小道具

◆ 粉屋の袋

材料：袋・軍手

- 入れておく
- 袋
- おおかみの白い手用の軍手

◆ 石

材料：新聞紙・カラーポリ袋

- 灰色のポリ袋
- 新聞紙
- ポリ袋で包む

◆ ハサミ・針と糸

材料：ボール紙・絵の具・ホイル・割りピン・リボン

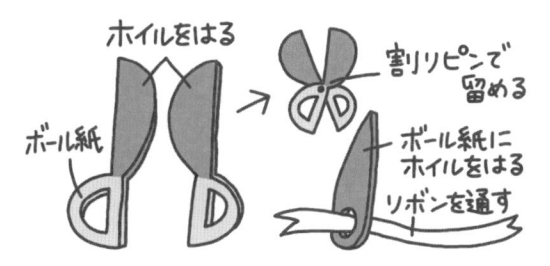

- ホイルをはる
- ボール紙
- 割りピンで留める
- ボール紙にホイルをはる
- リボンを通す

コスチューム
（P.1〜8 巻頭カラーページを参考にしてください）

◆ こやぎ

耳付き帽子	ベスト	男の子 ズボンA	女の子 ズボンC
基本の作り方はP.117	基本の作り方はP.115	基本の作り方はP.116	基本の作り方はP.116

衣装材料：不織布・マジックテープ・ふわふわビーズ・ゴム

帽子材料：カラー帽子・不織布・綿・リボン

- 綿
- 女の子にはリボンを付ける
- マジックテープ
- 男の子にはちょうネクタイ
- ふわふわビーズ
- 女の子のズボンにはすそにゴムを入れる

⑤ 世界の名作 おおかみと七ひきのこやぎ

◆ お母さんやぎ

耳付き帽子（基本の作り方は P.117） + スカート（基本の作り方は P.115）

帽子材料：カラー帽子・不織布・綿・レース
衣装材料：不織布・ゴム・折り紙

- 赤の不織布
- レース
- 白の不織布で模様を付ける
- ぐし縫いをして絞る
- 綿
- 中にも綿を入れる
- スカーフ
- 上はブラウスを着る
- 不織布のスカート
- ギャザーを寄せる
- 折り紙
- 「いってきまーす」
- 「カゴを背負うとGood！」

◆ おおかみ

耳付き帽子（基本の作り方は P.117） + 洋服（基本の作り方は P.115） + ズボンA（基本の作り方は P.116）

帽子材料：カラー帽子・不織布・綿・針金
衣装材料：不織布・ゴム・マジックテープ・綿

- つばの裏に赤い不織布をはる
- キバ（白の不織布）
- 中に針金を挟む
- 不織布の中に綿を詰める
- スカーフ
- 不織布の中に綿を詰める
- 黒のベスト
- ひもを付ける

◆ 粉屋

粉屋・家来の腰（基本の作り方は P.115） + ズボンA（基本の作り方は P.116） 帽子は P.117 かつらの作り方参照

帽子材料：画用紙・輪ゴム・不織布
衣装材料：不織布・ゴム・マジックテープ・キラキラモール

- 真ん中でくくる
- 裏返す
- マジックテープ
- キラキラモールを丸めて付ける
- 不織布のズボン
- そでは折り返して留める

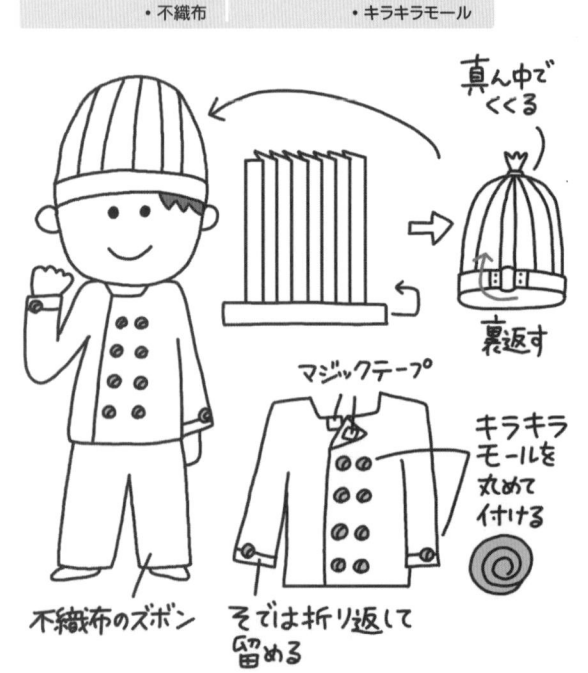

おおかみと七ひきのこやぎ　脚本（やさしい楽譜つき）

第一場「やぎの家」

🎹 CD 53　♪「やぎのテーマA」　曲：中地 雅之

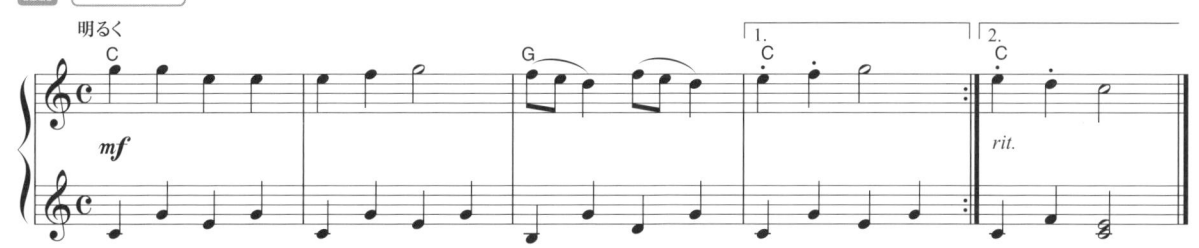

明るく / mf / rit.

- 音楽に合わせて開幕。
- やぎたちの家がある。
- 家の外にお母さんやぎとこやぎがいる。▶❶

❶ 机とイス／たんす／時計／かご
下手／上手
（家）
こ こ こ
こ こ こ　母
こやぎたち
〈客席〉

ナレーター　「むかしあるところに、こやぎを7ひきそだてている
　　　　　　おかあさんやぎがいました。
　　　　　　あるひ、おかあさんやぎは、こどもたちにいいました」

お母さんやぎ　「こやぎたちー　かあさんは　これから
　　　　　　　おいしい　くさを　いっぱい　とって　くるから
　　　　　　　おるすばんを　していてね」

こやぎ全員　「はぁい」

お母さんやぎ　「そうそう　だいじなこと！
　　　　　　　おおかみが　きたら　ドアを　ぜったい　あけては　だめよ」

こやぎ全員　「はぁい」

お母さんやぎ　「おおかみは　がらがらごえで　ては　まっくろ　だから
　　　　　　　すぐに　わかるよ」

こやぎ1　「じゃあ　あんしんだね」

こやぎ2　「おいしいくさを　いっぱい　もって　かえってきてね」

こやぎ全員　「いってらっしゃーい」

🎹 CD 53　♪「やぎのテーマA」　曲：中地 雅之　楽譜は同ページ『やぎのテーマA』参照

- お母さんやぎ、上手へ去る。

こやぎ3　「よし！　みんなで　うたおうよ」

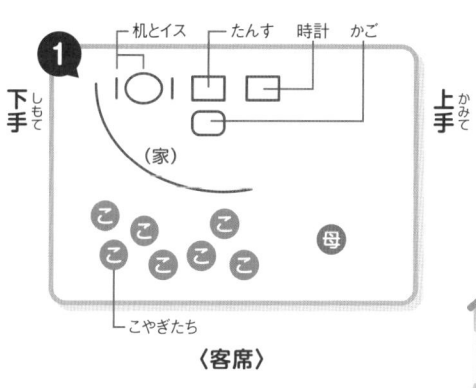

⑤ 世界の名作　おおかみと七ひきのこやぎ

CD 54 ♪「げんきなきょうだい」 詞:秋田 桂子／曲:中地 雅之

こやぎ全員
なかよし こやぎ いつも げんきな こやぎ
なかよし こやぎ いつも げんきな きょうだい
おいしい くさを いっぱい たべて どんどん おおきく なるんだよ

- うたは記譜よりもオクターブ低く歌う。
- D.S.のときも繰り返す。

かんたんバージョン
- 右手の上の音のみを弾いて、下の音を省略する。

- こやぎたち家の中に入る。

CD 55 ♪「おおかみのテーマ」 曲:中地 雅之

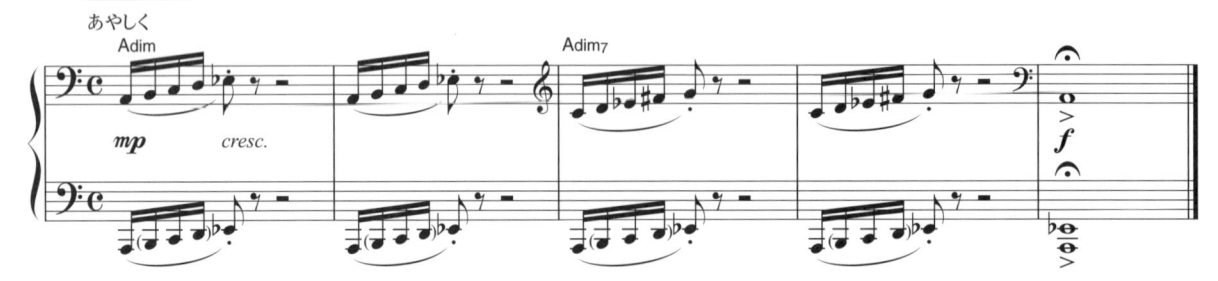

- 下手から、おおかみがやってくる。

おおかみ
「がおー！ おれさまは こわい おおかみだぞ。
しめしめ おかあさんが でかけたな。
よーし こやぎを だまして たべてやれ」

- おおかみは、ドアの前に立つ。

おおかみ
「（がらがら声で）どんどんどん あけておくれ おかあさんだよ」

・こやぎたち、驚いてドアの前に集まる。相談して。▶❷

こやぎ4　「そんな　がらがらごえは　おかあさんじゃ　ないよ」

こやぎ5　「おかあさんの　こえは　もっと　きれいだよ」

おおかみ　「しまった　ばれたか。
　　　　　　　よーし　チョークを　のんで　いいこえに　しよう」

・おおかみ、チョークを飲むまねをする。

おおかみ　「ごっくん」

おおかみ　「（きれいな声で）とんとんとん　あけておくれ　おかあさんだよ」

・こやぎたち、ドアの前に集まって。

こやぎ6　「あ　きれいな　こえだ」

こやぎ7　「じゃあ　てを　みせて」

おおかみ　「ほーら（手を見せる）」

こやぎ1　「まっくろだ」

こやぎ2　「おかあさんの　ては　しろくて　きれいなんだよ」

おおかみ　「また　ばれたか。
　　　　　　　よーし　それじゃあ　こなで　てを　しろくして　こよう」

・粉屋、粉を売りに下手から出てきて
　中央に立つ。▶❸

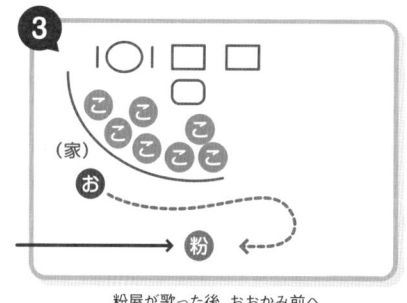

粉屋が歌った後、おおかみ前へ

CD 56　♪「こなやのうた」　詞：秋田 桂子／曲：中地 雅之

粉　屋
さあさ　みなさん　おいしい　こなは　いかが
この　こなさえ　あれば　おいしい　パンが　できます
おいしい　ケーキも　つくれます　さあ　どうぞ
さあさ　みなさん　おいしい　こなは　いかが

楽譜は次ページへ▶

⑤　世界の名作　おおかみと七ひきのこやぎ

73

♪「こなやのうた」 詞:秋田 桂子／曲:中地 雅之

スイングして

（歌詞）
さあ さ みなさん おいしいー こな は いか
が この こな さえ あれ ば おいしい パン が できますー
おいしい ケーキも つくれます さあ どうぞ
が

- D.S.のときも繰り返す。
- ♪♪ = ♩♪

かんたんバージョン
* オクターブ下げて弾いてもよい。

おおかみ	「おい こなや。おれさまに こなを うってくれ」
粉 屋	「はいはい おおかみさん どのくらい いりますか？」
おおかみ	「ふくろに いっぱい くれ」
粉 屋	「かしこまりました どうぞ」

- おおかみ、粉袋に手を入れ、軍手をはめる。
- 粉屋は、びっくりしてすぐに下手に去る。
- おおかみは、またドアのところに立つ。▶❹

おおかみ	「とんとんとん あけておくれ おかあさんだよ」
こやぎ3	「じゃあ てを みせて」
おおかみ	「ほーら（手を見せる）」
こやぎ4	「あ ほんとの おかあさんだ」
こやぎ全員	「おかえりなさーい」

- こやぎたち、ドアを開ける。
- おおかみ、ドアの外に立って。▶❺

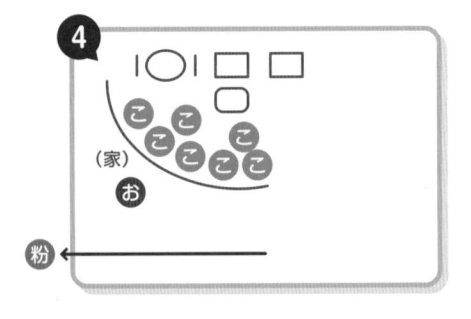

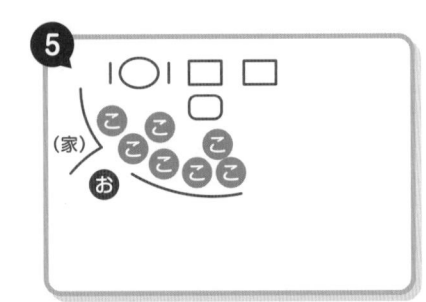

♪「おおかみのうた」 詞:秋田 桂子／曲:中地 雅之

CD 57

おおかみ　「がおー」　「がおー」　「うひひひひ」
　　　　　ほんとは　おおかみさまだ　「だまされたなー」
　　　　　こやぎを　ぜんぶ　まるのみだ　「うひひひー」

おそろしく

（楽譜）

こやぎ全員　「わぁ　おおかみだー。おかあさんじゃ　ないよ。
　　　　　みんな　はやく　かくれよう！」

こやぎ1　「ぼくは　つくえの　した」

（ひとりずつせりふを言ってから隠れる。以下同じ）

演出 隠れるとき
こやぎが舞台上で右往左往しないように、ひとりずつ隠れる場所をはっきり言うようにしましょう。

こやぎ2　「わたしは　いすの　した」

こやぎ3　「わたしは　たんすの　うしろ」

こやぎ4　「ぼくは　かごの　なか」

こやぎ5　「わたしは　すみっこに」

こやぎ6　「わたしも　すみっこ」

こやぎ7　「ぼくは　はしらどけいの　なか」

・おおかみ、家の中に入る。

おおかみ　「ははは　みんな　みつけるぞ。
　　　　　そら　みつけた　がぶっ」

・食べられたこやぎは、おおかみのおなかに入るように小さくなり、下手に去る。

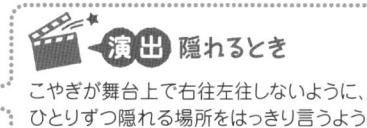

⑤ 世界の名作　おおかみと七ひきのこやぎ

🎹 CD 58 ♪「がぶっ がぶっ」　曲:中地 雅之

はげしく Adim
ff　8ba

- せりふに合わせて繰り返す。
  ※CDでは、短かい間隔で3回繰り返して弾いています。

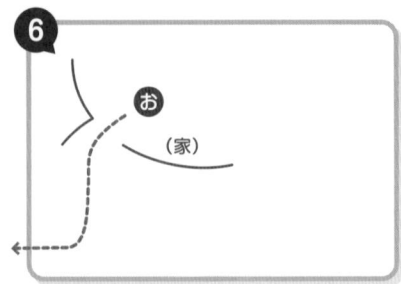

おおかみ　「また みつけた がぶっ がぶっ
　　　　　　ここにも いるぞ がぶっ がぶっ がぶっ
　　　　　　これで ぜんぶかな ああ おなかが いっぱいに なった」

- おおかみ、おなかを突き出すようにして下手に去る。 ▶ ❻

🎹 CD 53 ♪「やぎのテーマA」　曲:中地 雅之　楽譜はP.71『やぎのテーマA』参照

- お母さんやぎ、上手から戻る。

お母さんやぎ　「ただいま！ あら ドアが あいている。どうしたのかしら こやぎたち！」

- お母さんやぎ、部屋の中を探す。

こやぎ7　「おかあさん ここだよ」

- こやぎ7、柱時計の中から出てくる。

こやぎ7　「みんな おおかみに たべられちゃったんだ」

お母さんやぎ　「まあ たいへん。それじゃ いそいで さがしに いきましょう」

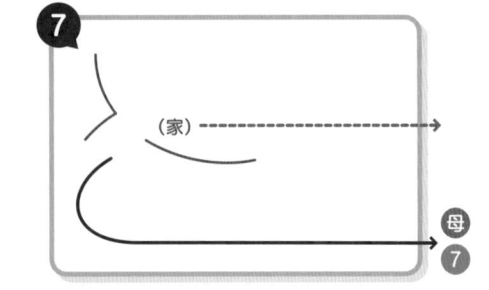

🎹 CD 59 ♪「やぎのテーマB」　曲:中地 雅之

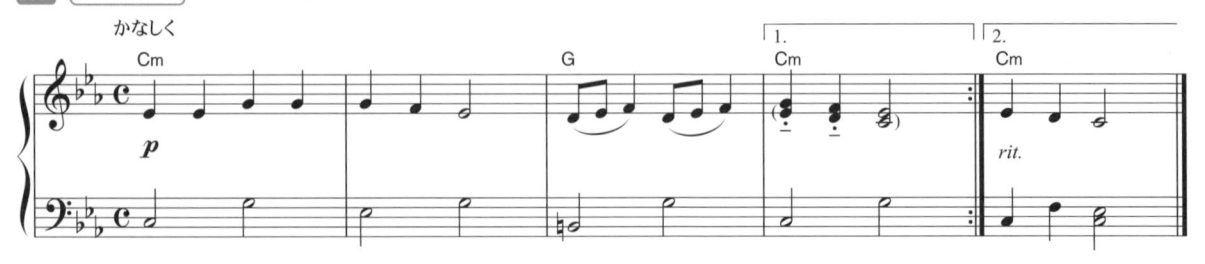

かなしく
Cm　　　　　　　　　　　G　　　1. Cm　　2. Cm
p　　　　　　　　　　　　　　　　　　　rit.

- お母さんやぎとこやぎ7は、家の外に出て、上手へ去る。
- 家を上手へかたづける。 ▶ ❼

第二場 「森の中」

- 舞台奥の上手側に井戸と下手側に木がある。ハサミと針と糸は上手、石は下手に置いておく。
- 木の前でおなかの大きな(新聞紙などを詰める)おおかみが寝ている。
- 木と草むらの後ろにこやぎたちがいる。
- お母さんやぎとこやぎ7、上手より登場。▶ ⑧

お母さんやぎ	「あそこに おおかみが ねている」
こやぎ7	「おなかが うごいているよ」
お母さんやぎ	「いそいで うちに かえって　はさみと いとと はりを もってきて」
こやぎ7	「はい おかあさん」

- こやぎ7、上手に行き、ハサミと針と糸を持って戻ってくる。

| お母さんやぎ | 「よーし じょき！」 |

🎹 CD ⑥ 60 ♪「じょきっ じょきっ」　曲:中地 雅之

- せりふに合わせて繰り返す。
- ※CDでは、3回繰り返して弾いています。

| こやぎ1 | 「おかあさーん」 |

（木の後ろから飛び出してくる。以下同じ）

お母さんやぎ	「よかった さあ もっと きりましょう じょき！」
こやぎ2	「おかあさーん」
お母さんやぎ	「じょき じょき じょき」
こやぎ3・4・5	「おかあさーん」
お母さんやぎ	「さぁ もう ひといき じょき」
こやぎ6	「おかあさーん」
お母さんやぎ	「みんな いしを もって きて おおかみの おなかに つめましょう」
こやぎ全員	「はぁい いそいで いそいで」

- こやぎたち、下手から石を運びお母さんやぎのところへ戻る。▶ ⑨

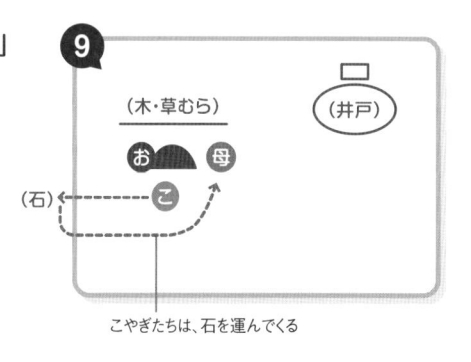

CD 61 ♪「いしをつめよう」　詞:秋田 桂子／曲:中地 雅之

やぎ全員
さあさあ　おおかみが　ねている　あいだに
いそいで　いそいで　いしを　つめよう
ちくちく　ちくちく　おなかを　ぬいましょう
さあさあ　おおかみの　ねている　あいだに
いそいで　いそいで　いしを　つめよう

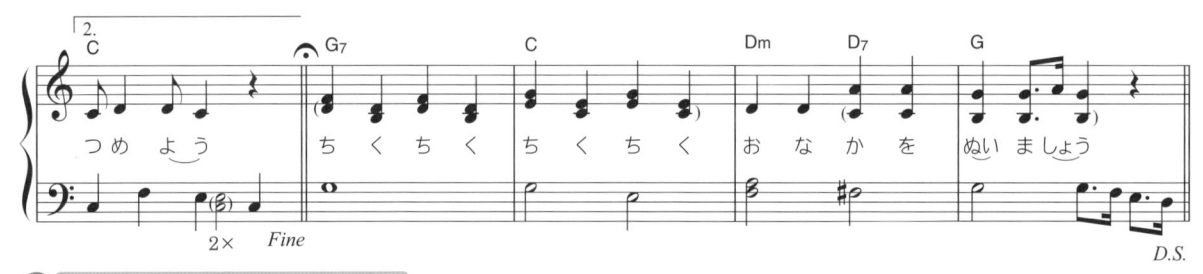

- D.S.のときも繰り返す。
- 3小節目から右手はオクターブ高く弾く。

- 歌いながら石を詰め、おなかを縫う。

お母さんやぎ
「さぁ　できた　みんなで　かくれて　みてましょう」

- おおかみ、目をさます。

おおかみ
「あぁ　よく　ねた　よく　ねた。なんだか　のどが　かわいたなあ。
　おなかの　なかが　ごろごろ　がらがら　するぞ」

- おおかみ、井戸に行く。

おおかみ
「ここで　のもう　よいしょ　ざぶーん！」

CD 62 ♪「井戸へおちる!」　曲:中地 雅之

かんたんバージョン ・白鍵のグリッサンドで弾いてもよい。

- おおかみ、井戸の中へ入る(落ちる)。　P.69　演出「井戸に落ちるとき」参照

やぎ全員　「わぁい　おおかみが　いどに　おちた。ばんざーい」

CD 63　♪「**おおかみやっつけた**」　詞:秋田 桂子／曲:中地 雅之

やぎ全員
よかった　よかった　よかったね
こわい　おおかみ　やっつけた
よかった　よかった　よかったね
こわい　おおかみ　やっつけた
ぼくたちは　これからも　みんなで　なかよく　くらそうね

- おおかみも登場する。

全員
よかった　よかった　よかったね
こわい　おおかみ　やっつけた
よかった　よかった　よかったね
こわい　おおかみ　やっつけた　「おしまい」

- うたは記譜よりもオクターブ低く歌う。
- D.S.のときも繰り返す。

歌入り
ボーナストラックとして「げんきなきょうだい」の歌入りバージョンが入っています。

CD 92　♪「**げんきなきょうだい**」

おしまい

シナリオ⑥ **4歳〜**

世界の名作
ぞうのはなはなぜながい

あらすじ
ぞうの鼻は、昔々は短かったのです。なぜ長くなったのでしょう？ あるところに知りたがりやのこぞうがいました。こぞうはあるとき川に行き、ワニに「ワニさんは何を食べるの？」と聞きました。ワニは、「知りたければもっとこっちへおいで」と言うと、近づいたこぞうの鼻をパクッ！ ようやくワニが口を離すと、こぞうの鼻が伸びてしまっていたのです。しかし、それを見たほかのぞうたちは長い鼻をうらやましがり、みんなワニに鼻を伸ばしてもらったそうです。

文：岡本一郎　絵：いそけんじ
発行：ひかりのくに（書店では販売しておりません）

登場人物
- ぞうた（こぞう）
- ぞうたち
- だちょう
- きりん
- かば
- ころころどり
- わに
- にしきへび

劇あそびにしたときの魅力
- いろいろな動物が出てくるので、子どもたちが好きな動物を選べます。
- ※場合によっては、脚本以外の動物を登場させてもいいでしょう。
- ぞうの鼻が短かったという話の始まりに、まず興味が持てます。そして、どうして長くなったのだろうとお話の先を知りたくなります。
- 鼻が伸びてしまうという困ったできごとが、みんなにうらやましがられることになるというユーモアのある結末が楽しめます。
- 「知りたがりや」も悪いことではないことがわかり、何でも知りたがる子どもたちの気持ちにぴったりします。

♪音楽表現へのヒント
♪動物たちの歌は、おしゃれな感じの音楽になっています。
♪「ぞうのくに」「わにのうた」とリンポポ川の場面には、不思議な響きのインドの音階（ラーガ）が使われています。♯と♭の付く音はいつも同じなので、その黒鍵の位置を視覚的に覚えると弾きやすくなります。
♪「わにのうた」は、歌入りバージョンを聴いて覚えましょう。

大道具

◆ジャングル
材料：・段ボール ・絵の具 ・緑の布

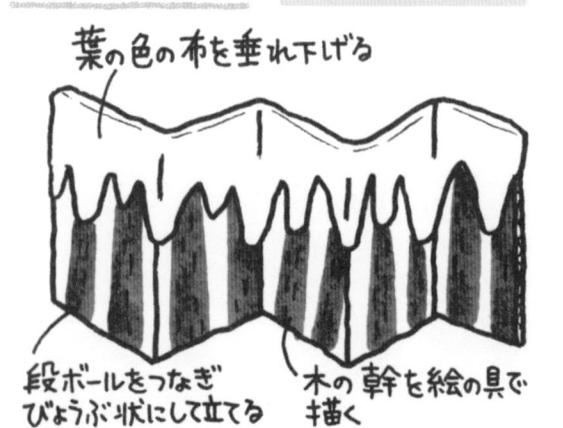

- 葉の色の布を垂れ下げる
- 段ボールをつなぎびょうぶ状にして立てる
- 木の幹を絵の具で描く

◆リンポポ川
材料：・段ボール ・絵の具 ・水色や青色の布 ・積み木

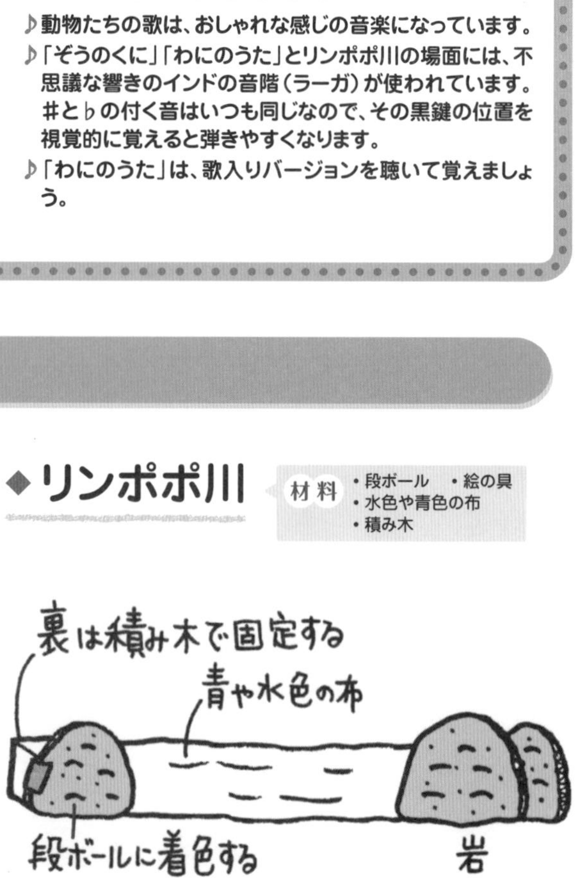

- 裏は積み木で固定する
- 青や水色の布
- 段ボールに着色する
- 岩

◆ バナナの木

材料
- 旗立てポール ・旗立て台
- 段ボールもしくは白ボール紙と麻ひも
- クレープ紙 ・画用紙など

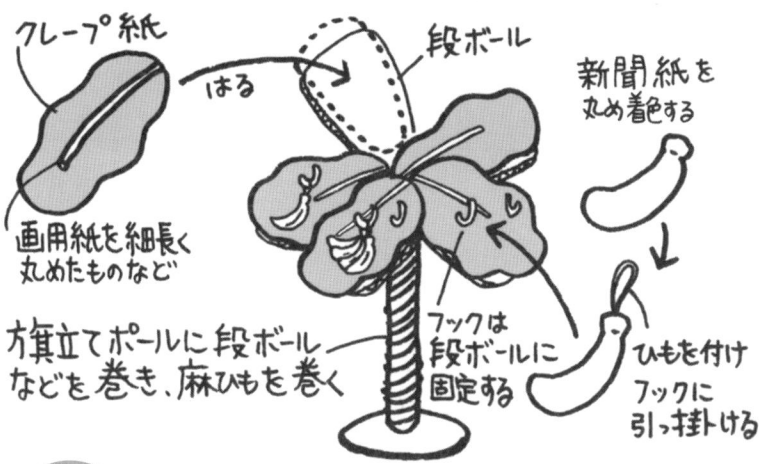

演出 バナナを取るとき
フックに引っ掛けたバナナを取ります。

- クレープ紙
- 段ボール
- はる
- 新聞紙を丸め着色する
- 画用紙を細長く丸めたものなど
- 旗立てポールに段ボールなどを巻き、麻ひもを巻く
- フックは段ボールに固定する
- ひもを付けフックに引っ掛ける

コスチューム （P.1〜8 巻頭カラーページを参考にしてください）

◆ ぞうた・ぞうたち

ぞうた：耳付き帽子（基本の作り方はP.117）＋ベスト（基本の作り方はP.115）＋ズボンA（基本の作り方はP.116）

ぞうたち：耳付き帽子（基本の作り方はP.117）＋洋服（基本の作り方はP.115）＋ズボンB（基本の作り方はP.116）

帽子材料
- カラー帽子
- 不織布
- 綿

衣装材料
- 不織布 ・マジックテープ ・ゴム ・マジックロープ
- 針金 ・スズランテープ ・ふわふわビーズ

- 中に綿を入れる
- ぞうたはまっすぐの鼻
- 中に綿を入れる
- 不織布でキバを作る
- 綿
- マジックテープ
- ふわふわビーズ
- ゴムを入れる
- 半ズボン
- 長ズボン
- 後ろ マジックテープ
- しっぽはズボンに付ける
- 針金 マジックロープ スズランテープ
- 水色の不織布を巻く

6 世界の名作 ぞうのはなはなぜながい

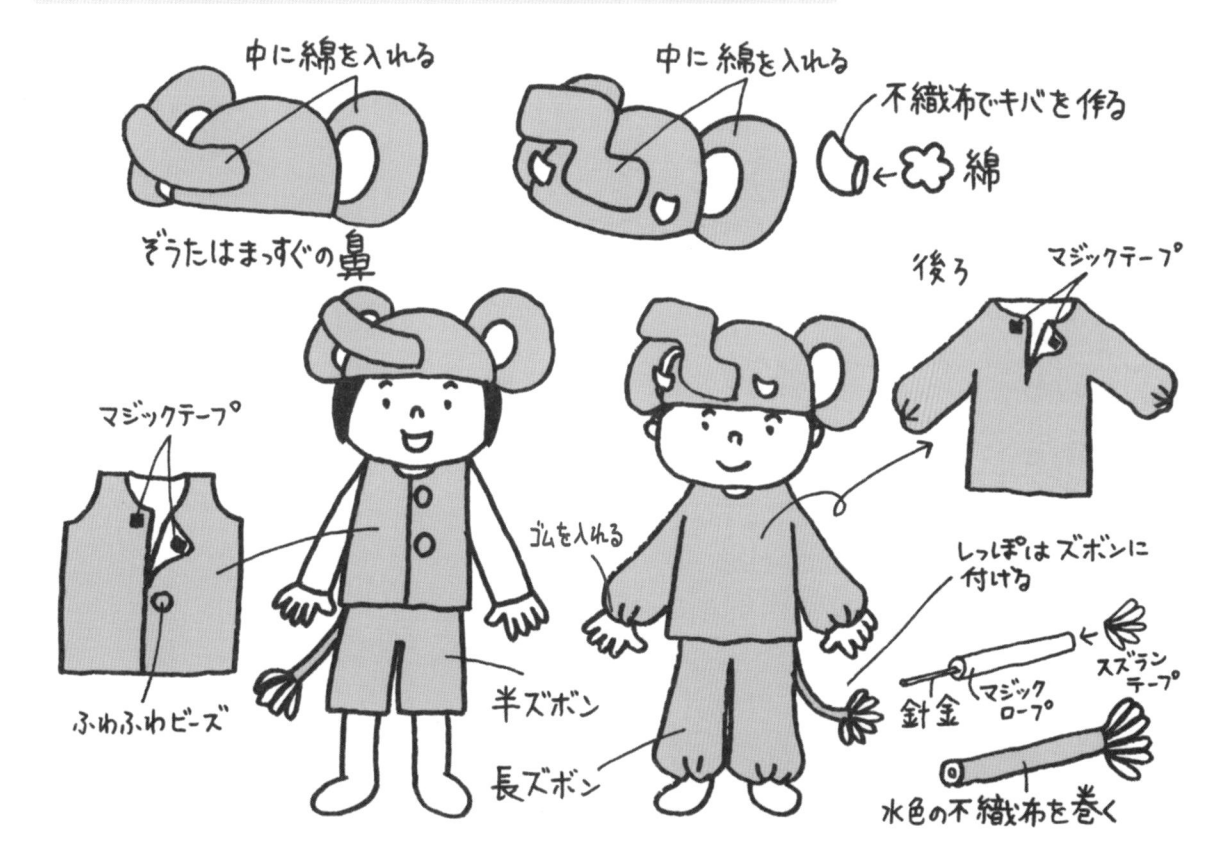

◆ だちょう

洋服 + ズボンB
基本の作り方は P.115 / 基本の作り方は P.116

帽子材料	・カラー帽子 ・不織布 ・キラキラモール
衣装材料	・不織布 ・ゴム ・カラーポリ袋 ・マジックテープ

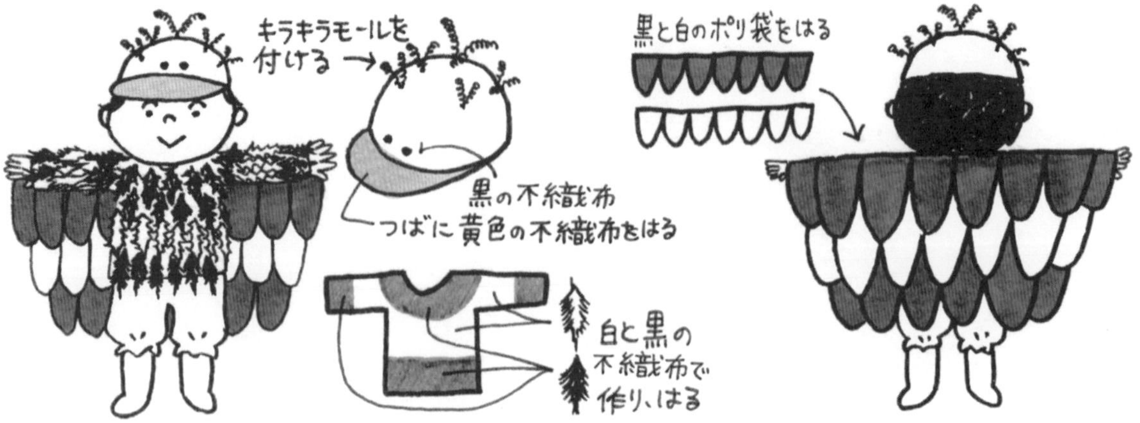

- キラキラモールを付ける
- 黒と白のポリ袋をはる
- 黒の不織布
- つばに黄色の不織布をはる
- 白と黒の不織布で作り、はる

◆ きりん

耳付き帽子 + ベスト + ズボンA
基本の作り方は P.117 / 基本の作り方は P.115 / 基本の作り方は P.116

帽子材料	・カラー帽子 ・不織布 ・綿
衣装材料	・不織布 ・ゴム ・マジックテープ ・マジックロープ ・針金 ・スズランテープ

- 付ける
- 不織布に綿を詰めたもの
- 付ける
- 綿
- 不織布をはる
- 後ろ
- マジックテープ
- 茶色の不織布をはる
- ズボンに付ける
- スズランテープ
- 針金
- マジックロープに黄色の不織布を巻く

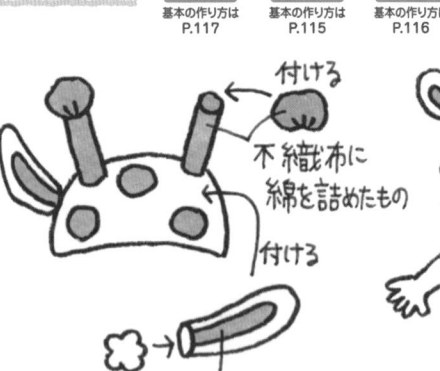

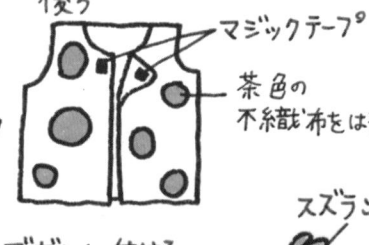

◆ かば

耳付き帽子 + ベスト + ズボンA
基本の作り方は P.117 / 基本の作り方は P.115 / 基本の作り方は P.116

帽子材料	・カラー帽子 ・不織布 ・綿 ・マジックロープ
衣装材料	・不織布 ・マジックテープ ・ふわふわビーズ ・ゴム ・マジックロープ ・針金 ・スズランテープ

- 茶色の不織布をはる
- 中に綿を詰める
- 不織布をはる
- 茶色
- 黒
- マジックロープを付ける
- つばの裏に赤い不織布をはる
- 裏
- マジックテープ
- ふわふわビーズ
- ズボンに付ける
- スズランテープ
- 針金
- マジックロープにピンクの不織布を巻く

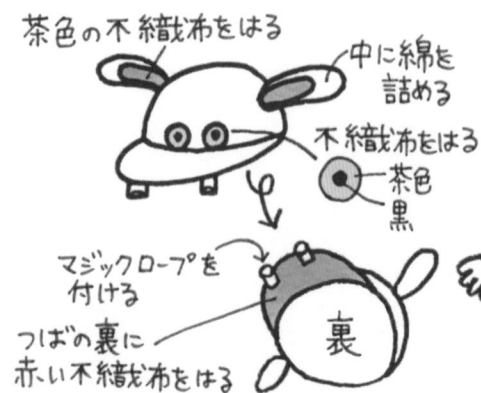

◆ ころころどり

洋服 (基本の作り方は P.115) + ズボンB (基本の作り方は P.116)
帽子は P.117 耳付き帽子の作り方参照

帽子材料：カラー帽子・綿・不織布
衣装材料：不織布・カラーポリ袋・ゴム・マジックテープ

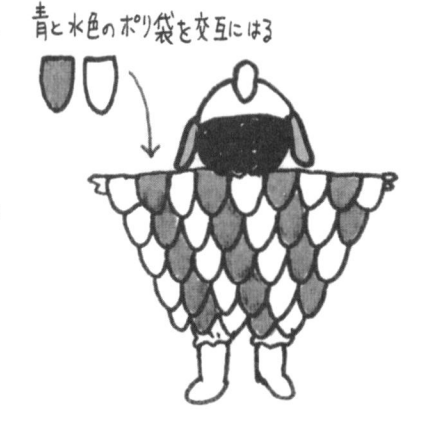

- 不織布の中に綿を詰める
- 黒の不織布
- 黄の不織布
- 赤の不織布
- 青と白の不織布をはる
- 青と水色のポリ袋を交互にはる

◆ わに

耳付き帽子 (基本の作り方は P.117) + ベスト (基本の作り方は P.115) + ズボンA (基本の作り方は P.116)

帽子材料：カラー帽子・不織布・綿・フェルト
衣装材料：不織布・ゴム・マジックテープ・綿・金テープ

- 緑の不織布の中に綿を詰める
- 白黒不織布をはる
- 緑
- 黒不織布をはる
- フェルトなど
- つばの裏に赤い不織布をはる
- 裏
- 前をマジックテープで留める
- 後ろ
- 金テープ
- 不織布に綿を詰める
- マジックテープ
- ひも
- 不織布の中に綿を詰める

◆ にしきへび

洋服 (基本の作り方は P.115) + ズボンA (基本の作り方は P.116)

帽子材料：カラー帽子・不織布・針金・クリスマスカラーのリボン
衣装材料：不織布・ゴム・クリスマスカラーのリボン・綿・マジックテープ

- 白 青 黒
- クリスマスカラーのリボン
- 紫 オレンジ
- 黒
- 不織布を重ねばり
- 中に針金を入れる
- フェルトなど
- つばの裏に赤い不織布をはる
- 裏
- 後ろ
- マジックテープ
- クリスマスカラーのリボンをはる
- マジックテープ
- ひも
- 不織布の中に綿を詰める

6 世界の名作 ぞうのはなはなぜながい

ぞうのはなはなぜながい 脚本（やさしい楽譜つき）

第一場「ジャングル」

CD 64 ♪「ぞうのくに」 曲:中地 雅之

神秘的に
mp
2×8ba

・2回目、左手はオクターブ下で弾く。

せりふの間中弾く。

・音楽とともに開幕。
・ジャングルの背景とバナナの木がある。
・ぞうたちが思い思いの場所にいる。▶❶

❶ （ジャングル 背景画）
下手　（バナナの木）　上手
ぞ　ぞ　　ぞうた
ぞ　ぞ　ぞ
〈客席〉

ナレーター
「ここは、みなみのみなみの　ぞうのくにです。
　ぞうたちは、みじかいはなをふりあげて
　みんなで　たのしくくらしています。
　ここに　なんでもききたがる
　ききたがりやの　こぞうがいました。
　なまえはぞうたです」

ぞうた
「きょうは　いい　おてんきだねえ　そらが　あおいよ
　ねぇ　どうして　そらは　あおいの？」

ぞう1
「さぁ　どうしてかなぁ」

ぞうた
「ねぇ　どうして　どうして？」

・ぞうたち、困った顔をして舞台前方に集まって。▶❷

❷ （ジャングル 背景画）
（バナナの木）
ぞうた
ぞ　ぞ
ぞ　ぞ　ぞ

CD 65 ♪「ぞうたのクエスチョン」 詞:秋田 桂子／曲:中地 雅之

ぞう全員
あ～あ　きょうも　また　ぞうたの　クエスチョン
あ～あ　はじまった　ぞうたの　クエスチョン
「ねえ　どうして　どうして」　まったく　いやに　なる
うるさいこだね　あっちへ　おゆき

♪「ぞうたのクエスチョン」　詞：秋田 桂子／曲：中地 雅之

元気に

歌詞：
あー　あ
きょうもまた／はじまった　ぞう　た　の　クエ　スチョン　「ねえ どうして どうして」
まっ　た　く　いや になる　うる さい　こ だ ね　あっ ち へ お ゆき

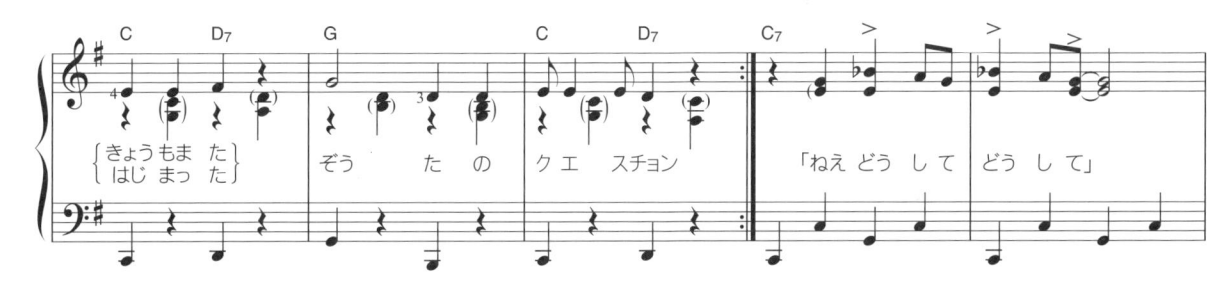

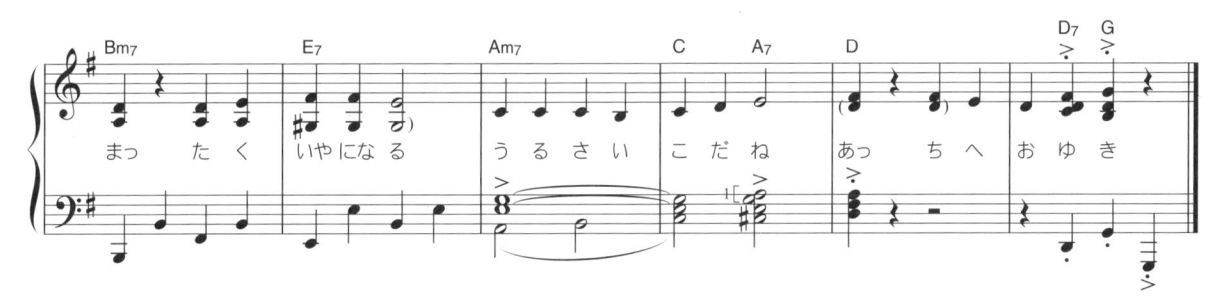

＊［　］は1回目のみ弾く。

ぞうた　「わぁ～い　いきますよ」

・ぞうたちは上手に去り、
　下手からだちょうが出てくる。▶③

③ （ジャングル 背景画）
（バナナの木）
だ　ぞうた　→　ぞ ぞ ぞ ぞ ぞ

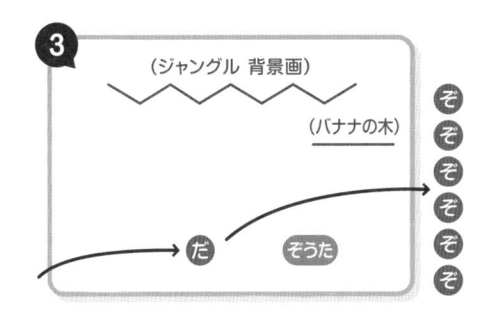

CD 66　♪「きょうもいいてんき（だちょう）」
詞：秋田 桂子／曲：中地 雅之

だちょう
わたしたちは　だんすが　だいすき　だちょうです
じまんの　ながい　あし　すてきな　はねを　ふりながら
おどりましょうね　おどりましょうね
きょうも　きょうも　いいてんき

楽譜は次ページへ ▶

⑥ 世界の名作　ぞうのはなはなぜながい

♪「きょうもいいてんき（だちょう・きりん・かば）」　詞:秋田 桂子／曲:中地 雅之

優雅に

（だちょう）わたしたちは　だんすが だいすき　だちょうです
（きりん）　わたしたちは　だいすき　のどを　きりんです
（かば）　☆

じまんのながい　あ　　し　　すてきな はねを　ふりながら　おどり ま ま　しょ う ね
じまんのながい　あ　　く　び　すてきな のどを　ふるわせて　お たい まま　しょ う ね
じまんのおおきな か　　ら だ　かわに うかべて　のんびりと　お よぎ まま　しょ う ね

おどり ま ま　しょ う ね　きょうも　きょうも　いい てん き
お たい まま　しょ う ね　きょうも　きょうも　いい てん き
お よぎ まま　しょ う ね

- 「かば」のとき、全般にテンポを少しゆっくり、3小節目から左手をオクターブ低く弾く。

かんたんバージョン
- ＊オクターブ下げて弾いてもよい。

☆わたしたちは　およぐの だいすき　か　ば　です

ぞうた　「ねぇ　だちょうさんの　おしりの　はねは
　　　　　どうして　みじかいの？」

CD 65 ♪「ぞうたのクエスチョン」　詞:秋田 桂子／曲:中地 雅之　楽譜はP.85『ぞうたのクエスチョン』参照

だちょう　あ～あ　きょうも　また　ぞうたの　クエスチョン
　　　　　あ～あ　はじまった　ぞうたの　クエスチョン
　　　　　「ねえ　どうして　どうして」　まったく　いやに　なる
　　　　　うるさいこだね　あっちへ　おゆき

ぞうた　「わぁ～い　いきますよ」

・だちょうたちは上手に去り、下手からきりんが出てくる。▶ ❹

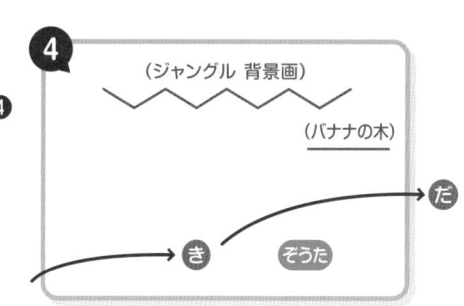

❹ （ジャングル 背景画）
（バナナの木）
き → だ　ぞうた

🎹 CD 67 ♪「きょうもいいてんき（きりん）」
詞：秋田 桂子／曲：中地 雅之
楽譜はP.86『きょうもいいてんき』参照

きりん
わたしたちは　うたが　だいすき　きりんです
じまんの　ながい　くび　すてきな　のどを　ふるわせて
うたいましょうね　うたいましょうね
きょうも　きょうも　いいてんき

ぞうた　「ねえ　きりんさんの　からだの　てんてんは
　どうして　ついてるの？」

🎹 CD 65 ♪「ぞうたのクエスチョン」　詞：秋田 桂子／曲：中地 雅之　楽譜はP.85『ぞうたのクエスチョン』参照

きりん
あ～あ　きょうも　また　ぞうたの　クエスチョン
あ～あ　はじまった　ぞうたの　クエスチョン
「ねえ　どうして　どうして」　まったく　いやに　なる
うるさいこだね　あっちへ　おゆき

ぞうた　「わぁ～い　いきますよ」

・きりんたちは上手に去り、下手からかばが出てくる。▶ ❺

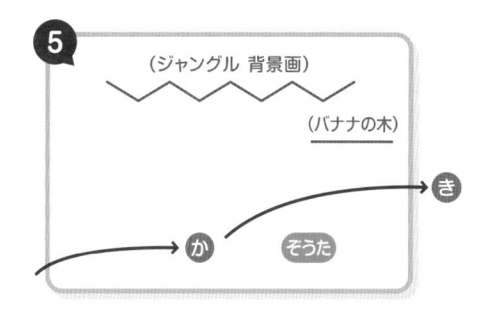

❺ （ジャングル 背景画）
（バナナの木）
か → き　ぞうた

🎹 CD 68 ♪「きょうもいいてんき（かば）」　詞：秋田 桂子／曲：中地 雅之　楽譜はP.86『きょうもいいてんき』参照

・左手は3小節目からオクターブ低く、テンポを少しゆっくりにして弾く。

かば
わたしたちは　およぐの　だいすき　かばです
じまんの　おおきな　からだ　かわに　うかべて　のんびりと
およぎましょうね　およぎましょうね
きょうも　きょうも　いいてんき

ぞうた　「ねぇ　かばさんの　めは
　どうして　あかいの？」

⑥ 世界の名作　ぞうのはなはなぜながい

🎹 CD 65 ♪「ぞうたのクエスチョン」 詞:秋田 桂子／曲:中地 雅之　楽譜はP.85『ぞうたのクエスチョン』参照

かば
あ〜あ　きょうも　また　ぞうたの　クエスチョン
あ〜あ　はじまった　ぞうたの　クエスチョン
「ねえ　どうして　どうして」　まったく　いやに　なる
うるさいこだね　あっちへ　おゆき

ぞうた
「わぁ〜い　いきますよ」

・かばたちは上手に去り、下手からころころどりが出てくる。

🎹 CD 69 ♪「きょうもいいてんき（ころころどり）」 詞:秋田 桂子／曲:中地 雅之

ころころどり
わたしたちは　ころころどりです　ころころ
じまんの　きれいな　はねを　ふるわせて　ゆったりと　あるきます
きょうも　きょうも　いいてんき

・両手ともP.86「きょうもいいてんき（だちょう・きりん）」よりオクターブ高く弾く。
かんたんバージョン・＊オクターブ下げて弾いてもよい。

ころころどり
「ぞうた　きょうは　なにを　ききたいんだ？」

ぞうた　「きいても　いいの？
　　　　　ころころどりさん　やさしいなぁ
　　　　　そうだ　わにさんは　なにを　たべるの？」

ころころどり　「おしえて　あげよう　ぞうた
　　　　　わにさんが　すんでる　リンポポがわに　いって　ごらん
　　　　　リンポポがわは　とおいけど
　　　　　ゆうきを　だしてね　ころころ」

ぞうた　「ありがとう
　　　　　よーし　いってみよう」

・ころころどりは上手へ去る。▶ ❻

❻ （ジャングル 背景画）
（バナナの木）
こ
ぞうた

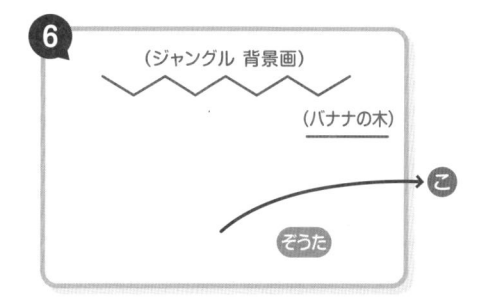

CD 64　♪「ぞうのくに」　曲:中地 雅之　楽譜はP.84『ぞうのくに』参照

・ぞうた、舞台を1周して上手に去る。

第二場 「リンポポ川」

・下手から、わにが川を持って出てくる。▶ ❼
・わに、中央へ出て。

❼ （ジャングル 背景画）
（バナナの木）
（川）
わ

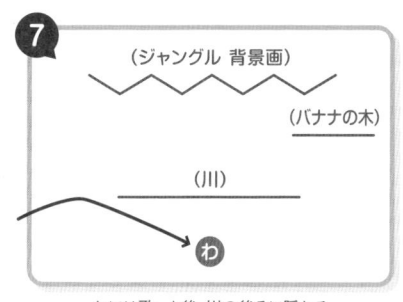

わには歌った後、川の後ろに隠れる

CD 70　♪「わにのうた」　詞:秋田 桂子／曲:中地 雅之

わに　この　かわは　ワニたちの　もの　「ワニ」「ワニ」
　　　ゆったり　ながれる　かわに　「ワニ」
　　　からだを　うかべて　「ワニ」
　　　おいしい　ものを　まっている　「ワニ」「ワニ」

楽譜は次ページへ ▶

❻ 世界の名作　ぞうのはなはなぜながい

▷▷ ♪「わにのうた」 詞:秋田 桂子／曲:中地 雅之

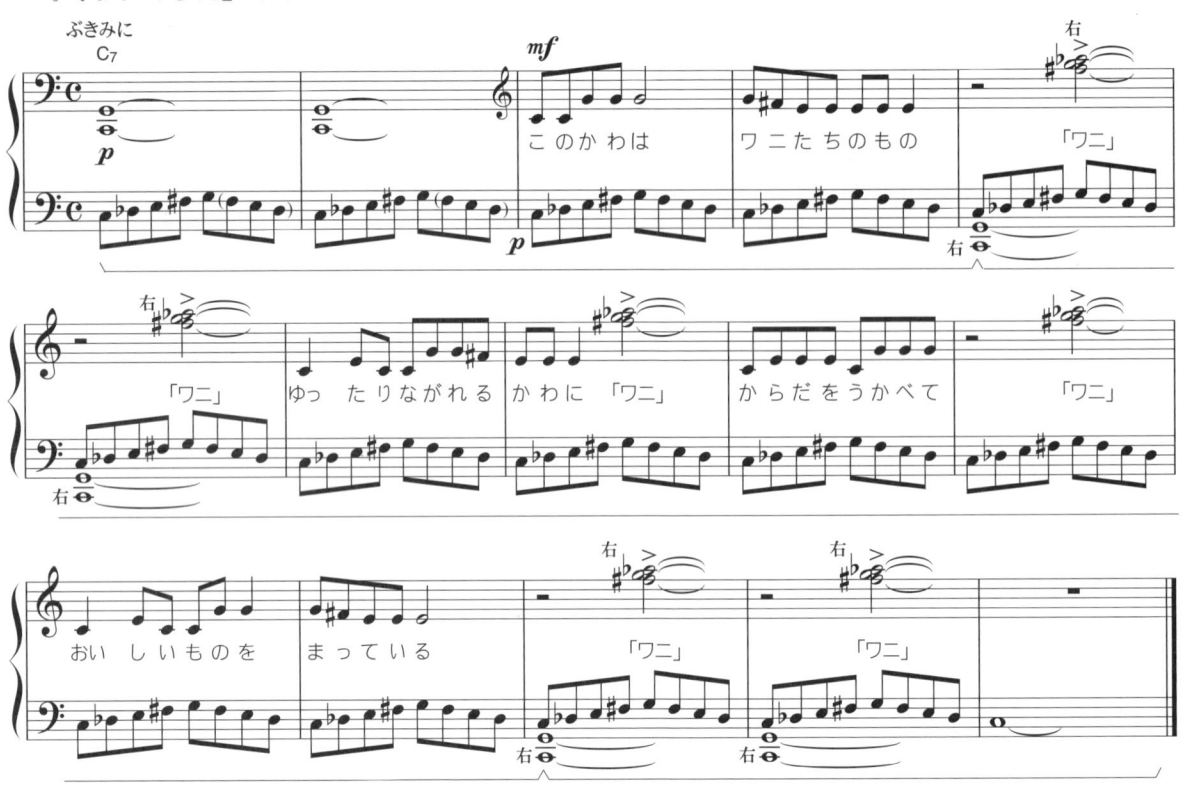

ぶきみに

このかわは　ワニたちのもの　「ワニ」
「ワニ」　ゆったりながれる　かわに　「ワニ」　からだをうかべて　「ワニ」
おいしいものを　まっている　「ワニ」　「ワニ」

- わに、川の中に隠れ、顔だけ出している。
- ぞうた、上手より登場。

ぞうた
「やっと ついた あ あそこに わにさんが いる
　わにさ〜ん　こんにちは
　わにさんは なにを たべるの？」

わに
「（小さな声で）おや　おいしそうな　ぞうが　やってきた　ワニ
　　　　　　　　おおきな　くちを
　　　　　　　　がばっと　あけて　たべてやれ　ワニワニ
　（大きな声で）おしえて　あげるよ
　　　　　　　　だから　もっと　こっちへ　おいで」

CD 71 ♪「こっちへおいで」 曲:中地 雅之

- ⌢の音の間にぞうたとわにのせりふ（「これくらい？」「いやいや もっと こっちへ おいで」）を入れる。

ぞうた	「これくらい？」
わに	「いやいや もっと こっちへ おいで」
ぞうた	「これくらい？」
わに	「いやいや もっと こっちへ おいで」
ぞうた	「これくらい？」
わに	「そーれ パックン！」

- わには、ぞうたの鼻を挟む。

演出 鼻を挟むとき

わには緑色の靴下を、ぞうたは水色の靴下を手にはめ、それぞれ手を、口と鼻に見たて演じてもよいでしょう。鼻が伸びるときは、水色の靴下を伸ばします。

緑色の靴下　　水色の靴下

CD 72 ♪「はなしてわにさん」 曲：中地 雅之

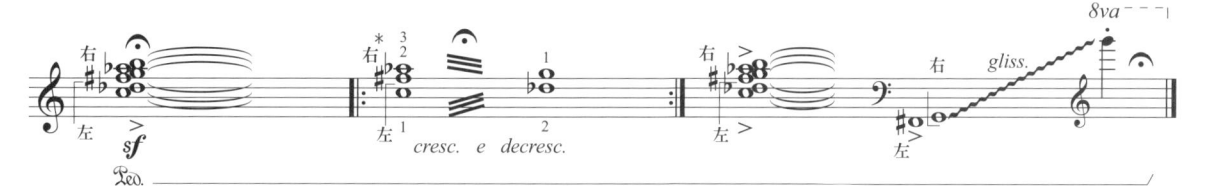

- せりふの「すっぽーん」まで、左右のオクターブを高くしたり低くしたりして続ける。

かんたんバージョン

- ド＝Cからシ＝Bまですべての白鍵・黒鍵を両方の手のひらで押さえる〈クラスター奏法〉で弾いてもよい。2小節目は、両方の手のひらですばやく交互に弾く。

せりふの「すっぽーん」まで続ける。

| ぞうた | 「わぁ はなして わにさん
はなが いたいんだ」 |
| わに | 「いーや はなす わけには いかないよ」 |

- へびが、上手からやってくる。

| にしきへび | 「あっ ぞうたが たいへんだ
ぞうた いま たすけてあげるよ
シュルシュルシュ～」 |

- へびはぞうたの体を引っ張る。▶ ⑧

わに	「だれだ ぞうを ひっぱるのは」
にしきへび	「わたしだ わたしだ にしきへびだ」
わに	「ぜったい にがして なるもんか」
にしきへび	「ぜったい ぞうたを たすけるぞ」

⑧
（ジャングル 背景画）
（バナナの木）
わ　ぞうた
（川）
へ

ぞうた	「もう　だめ　はなが　とれそうだ」
全員	「わぁ～　すっぽーん！」
わに	「にげろ～」

- わに、川に隠れる。

| ぞうた | 「あーあ　はなが」 |
| にしきへび | 「のびている！」 |

- ぞうたちが上手からやってくる。▶ ❾

ぞう2	「あれ　ぞうたの　はなが　のびちゃった」
ぞう3	「ながく　なっちゃった」
ぞう4	「でも　とおくの　えさも　とれるね」
ぞう1	「しゃわーも　できるよ」
ぞう2	「わたしも　はなが　のびると　いいな」
ぞう3	「それじゃあ　みんなも　はなを　のばして　もらおうよ」
ぞう4	「わにさんを　よぼう」
ぞう全員	「わにさーん」

- わに、川の中から出てくる。

わに	「さっきは　ごめんね　いたかった？」
ぞうた	「だいじょうぶだよ　みんなも　はなを　のばして　もらいたいんだって」
わに	「オッケー　ワニ　ならんで　ならんで　ワニ」

❾ (ジャングル 背景画)　(バナナの木)　わ　(川)　ぞうた　へ　ぞ

🎹 CD ● 65 ♪「ぞうたのクエスチョン（BGM）」　詞：秋田 桂子／曲：中地 雅之

楽譜はP.85『ぞうたのクエスチョン』参照

| わに | 「それ　1　2の　3」 |

- ぞうたち、次々に鼻が長くなる。　P.91　演出「鼻を挟むとき」参照

| ぞう全員 | 「わぁ　みんな　はなが　ながくなった　わにさん　ありがとう　みんなに　みて　もらおうよ　おーい　みんなー」 |

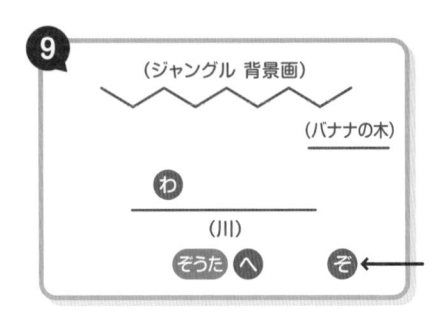

- 動物たち、やってくる。

動物全員
「わぁ びっくり
　ぞうさんの はなが ながくなった」

ぞう全員
「いいだろう とっても べんりだよ」

- 何匹かのぞうは、バナナを取る。　P.81 演出「バナナを取るとき」参照

CD 73　♪「ぞうのはなはなぜながい」　詞：秋田 桂子／曲：中地 雅之

全員
ぞうの はなは こうして ながく なったのさ
ぞうの はなは こうして ながく なったのさ
だから いまでは ぞうの はなは ながいんだ
ながい おはなを ゆらゆら ゆらゆら ゆらゆら

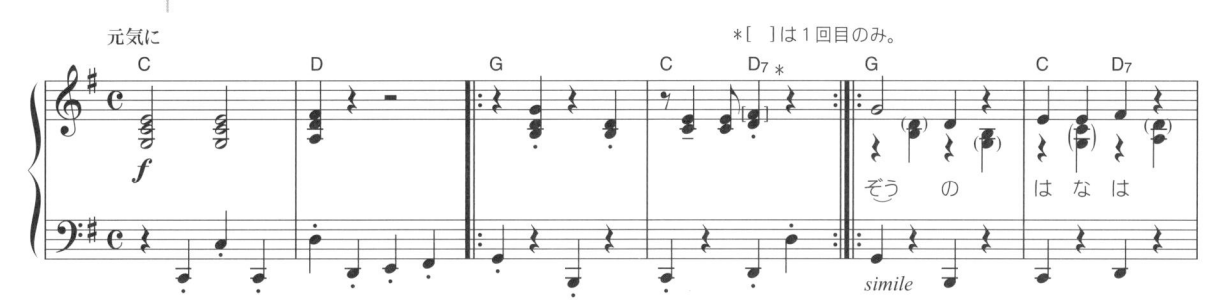

*[ ]は1回目のみ。

・*[ ]は1回目のみ弾く。

歌入り
ボーナストラックとして「ぞうたのクエスチョン」「きょうもいいてんき（だちょう）」「わにのうた」の歌入りバージョンが入っています。

CD 93　♪「ぞうたのクエスチョン」
CD 94　♪「きょうもいいてんき（だちょう）」
CD 95　♪「わにのうた」

おしまい

シナリオ⑦ 5歳～

世界の名作
ながぐつをはいたねこ

あらすじ
三人兄弟の末っ子ハンスは、亡くなった父親の財産を兄たちと分けましたが、ハンスにはねこ1匹が残っただけでした。そのねこは、やさしいハンスが幸せになるように大活躍します。長靴を履き、袋を持って、次々に知恵を働かせてやがて、人食い鬼をやっつけてお城を手に入れます。人食い鬼のために困っていた人たちも大喜び！　そして、ハンスはお姫様と結婚し、幸せに暮らしました。

ペロー童話　文：かとうけいこ　絵：伊東美貴
発行：ひかりのくに（書店では販売しておりません）

登場人物
- ハンス
- ねこ
- 王様
- 家来
- お姫様
- 草刈の人
- 麦刈の人
- 人食い鬼

劇あそびにしたときの魅力
- 子どもたちにとって身近な存在のねこが大活躍をすることに興味が持ちやすいでしょう。
- ねことハンスの信頼し合う人間関係があり、ふたりがどうなっていくのか、次々に展開されるお話に引き込まれます。
- 最後は人食い鬼までやっつけてしまうというスケールの大きさも魅力です。
- ねこが次々と作戦を立て、最後に正義が勝ち、周りの人たちも幸せにすることで、見ている人も安心できます。ハンスとお姫様の結婚式というハッピーエンドでさらに盛り上がることができます。

♪音楽表現へのヒント
- ♪「家来たち」「麦刈り・草刈りの人」「人食い鬼」など、キャラクターごとに違った曲調になっています。歌入りバージョンを聴いて覚えましょう。
- ♪南欧をイメージし、〈ミ〉から始まる音階（フリギア）と3拍子のリズムが全体の基本トーンになっています。
- ♪「フィナーレ～婚礼のうた～」は、CDを参考に手拍子やカスタネットを加えて、華やかなダンスパーティーの雰囲気を表現してください。

大道具

◆草むら・麦畑
材料：・段ボール　・絵の具　・段ボール箱

〈表は草むら〉　段ボール　　〈裏は麦畑〉

草むらの絵を描く　　麦畑の絵を描く　　間に段ボール箱を固定する

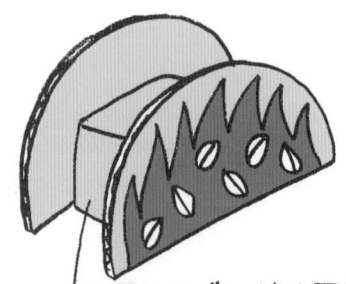

◆ 城と門

材料 ・段ボール ・絵の具など ・段ボール箱

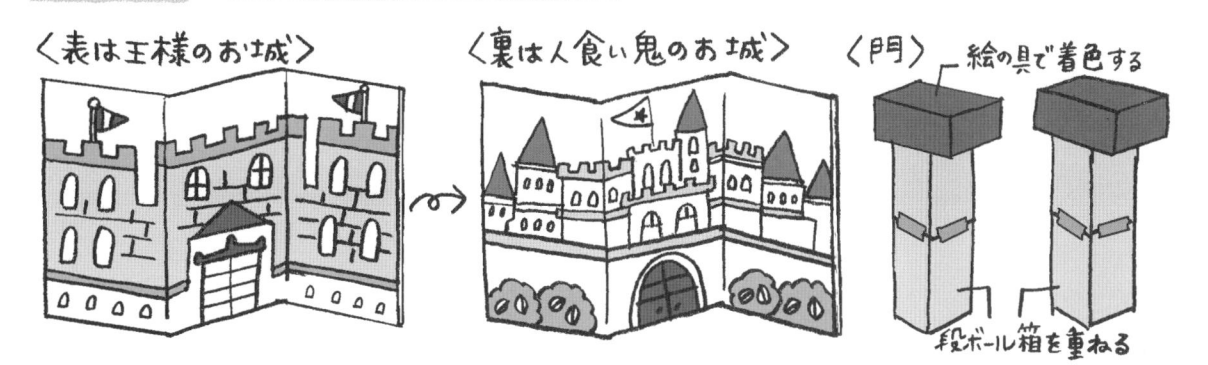

〈表は王様のお城〉 〈裏は人食い鬼のお城〉 〈門〉
- 絵の具で着色する
- 段ボール箱を重ねる

◆ ライオン

材料 ・段ボール ・絵の具など

- 段ボールにライオンの絵を描く
- 裏に取っ手を付けて動かせるようにする

演出 ライオンに変身するとき

人食い鬼のお城の裏に隠しておき、「らいおんになれぇ」の後に、鬼はライオンの絵の後ろに隠れ、再び登場します。

◆ 川

材料 ・水色や青色の布

水色や青色の布を子どもたちが持って川にする。

小道具

◆ うさぎ・こぶた・こやぎ・ねずみ

材料 ・新聞紙 ・カラーポリ袋 ・タオル地（それぞれの動物の色） ・フェルト

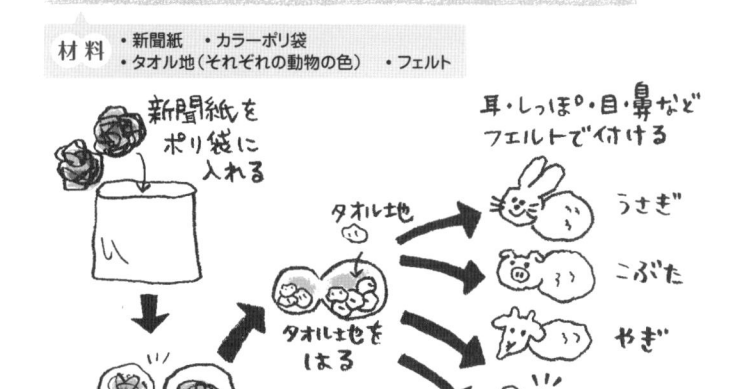

- 新聞紙をポリ袋に入れる
- 頭と胴体に分けて作る
- タオル地をはる
- 耳・しっぽ・目・鼻などフェルトで付ける
  - うさぎ
  - こぶた
  - やぎ
  - ねずみ
- ねずみはつり下げられるようにしておく

演出 ねずみに変身するとき

ねずみを人食い鬼のお城に隠しておき、「ねずみになれぇ」の後にねずみを観客に見せるように上に掲げ、出します。

- 高く掲げ観客に見せる
- ねこがフックから外す

7 世界の名作 ながぐつをはいたねこ

コスチューム （P.1〜8 巻頭カラーページを参考にしてください）

◆ ハンス
洋服 + ズボンA
基本の作り方は P.115 / P.116

| 帽子材料 | ・不織布 | 衣装材料 | ・不織布 ・ゴム ・マジックテープ ・スズランテープ |

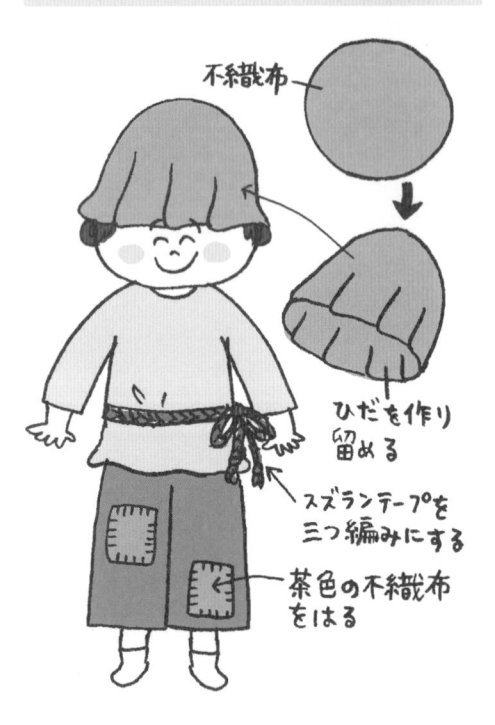

- 不織布
- ひだを作り留める
- スズランテープを三つ編みにする
- 茶色の不織布をはる

◆ 王様からもらった服（ハンス）
ズボンB
基本の作り方は P.116

| 冠材料 | ・金ボール紙 ・輪ゴム ・キラキラテープ ・キラキラモール | 衣装材料 | ・ポリ袋 ・ゴム ・金テープ ・キラキラモール ・不織布 ・マジックテープ | ベルト | ・不織布 ・金ボール紙 ・マジックテープ |

冠は P.116 お面の作り方参照

- ポリ袋
- 金テープ
- キラキラモール
- キラキラテープ
- ゴムを入れてちょうちんそでにする
- ベルト
- 金ボール紙
- 赤い不織布
- 不織布
- 金テープ
- ゴムを入れる
- そでとえり口を切る
- ゴムを入れる
- 金テープ
- 付ける
- キラキラモールを入れる
- ポリ袋
- 切り込み入れる
- マジックテープ

◆ ねこ
耳付き帽子 + ベスト + ズボンA
基本の作り方は P.117 / P.115 / P.116

| 帽子材料 | ・カラー帽子 ・綿 ・不織布 ・モール | 衣装材料 | ・不織布 ・マジックテープ ・カラーポリ袋 ・綿 ・長靴 ・ビニールテープ |

- カラー帽子に黒の不織布をはる
- 白いモール
- 不織布に綿を詰める
- 後ろをマジックテープで留められるようにする
- ポリ袋で作る
- 不織布に綿を詰めるズボンの後ろに付ける
- すそを折り
- ポリ袋を折り込み付ける
- 本物の長靴にビニールテープをはる

◆ 王様

ズボンB
基本の作り方は P.116
冠は P.116 お面の作り方参照

冠材料	ベルト材料	マント材料	ズボン材料
・金ボール紙 ・不織布 ・輪ゴム ・綿	・金ボール紙 ・マジックテープ ・不織布	・不織布 ・リボン ・綿	・不織布 ・ゴム

- 不織布
- 金ボール紙
- 上でくくる
- 金ボール紙を留める
- 不織布に綿を詰め、てっぺんに付ける
- 金ボール紙
- マント
- ベルトはハンスと色違い
- 不織布で作る
- 上の部分は折る
- 金リボンを引っ張る
- 綿をはる
- 切り込みを入れて金リボンを通す

◆ 家来

粉屋・家来の服 + ズボンA
基本の作り方は P.115 / P.116

帽子など	衣装材料
・ボール紙 ・金テープ ・片段ボール ・段ボール ・金ボール紙	・画用紙 ・ゴム ・不織布 ・マジックテープ ・ゴム ・金テープ ・キラキラモール

- 金ボール紙で作る
- 筒に入れる
- 片段ボールを丸め筒にし、青いテープをはる
- 金テープをはる
- つばを付ける
- ボール紙で筒を作る
- 全体に黒の画用紙をはる
- 金テープ
- ゴムを付ける
- マジックテープ
- 金のモール
- 丸めて付ける
- 金テープ

◆ お姫様

ベスト + スカート
基本の作り方は P.115 / P.115
冠は P.116 お面の作り方参照

冠材料	衣装材料
・銀ボール紙　・画用紙 ・キラキラモール　・キラキラシール ・レース不織布（ベール用）	・不織布　・マジックテープ ・ふわふわビーズ ・カラーポリ袋　・レース不織布

（ふつうの冠）（ベールあり）

- 画用紙
- キラキラモール
- キラキラモール（ピンク）
- キラキラモール（青）
- キラキラシール
- レース不織布
- キラキラシールをはる
- ふわふわビーズをつける
- ポリ袋
- ひだを作る
- ポリ袋
- レース不織布を中に折り込んで留める

⑦ 世界の名作 ながぐつをはいたねこ

◆ 草刈の人（男）

ベスト + ズボンA
基本の作り方は P.115 / P.116

衣装材料
- 不織布
- マジックテープ
- ゴム

農具材料
- 片段ボール
- 段ボール
- ビニールテープ

- 段ボールに黒いビニールテープをはる
- 入れる
- 不織布
- ひだを作り留める
- ベストは前開きマジックテープを付ける
- 不織布をはる
- 不織布で作る
- 茶色の片段ボールを丸め筒にする

◆ 草刈の人（女）

ベスト + スカート
基本の作り方は P.115 / P.115

衣装材料
- 不織布
- マジックテープ
- ゴム
- リボン

- マジックテープ
- 不織布をバンダナ風に後ろで結ぶ
- リボンを付ける
- ピンクの不織布スカートにはリイけける
- 不織布のスカート
- 茶色のリボンをはる

◆ 麦刈の人

そでなし洋服 + ズボンA
基本の作り方は P.115 / P.116

帽子材料
- 画用紙
- スズランテープ

衣装材料
- 不織布・ゴム
- マジックテープ・リボン

農具材料
- 片段ボール・段ボール
- ビニールテープ

- 画用紙で三角すいを作る
- 上をすぼませて裏側で留める
- つばをつける
- スズランテープを巻く
- 段ボールに黒いビニールテープをはる
- 黒い片段ボールを丸め筒にする
- リボンを三つ編みにする

◆ 人食い鬼

ベスト + ズボンA
基本の作り方は P.115 / P.116

帽子・ひげ材料
- カラー帽子・不織布・綿
- モール・スズランテープ・ゴム

衣装材料
- 不織布・マジックテープ
- キラキラモール・ゴム

- モールを巻く
- 中に綿を詰める
- マジックテープ
- カラー帽子にスズランテープをはる
- キラキラモール金と赤を付ける
- 黒の不織布
- スズランテープをはる
- ベストとズボンのすそはギザギザに切る

ながぐつをはいたねこ 脚本（やさしい楽譜つき）

第一場 「ハンスの村」

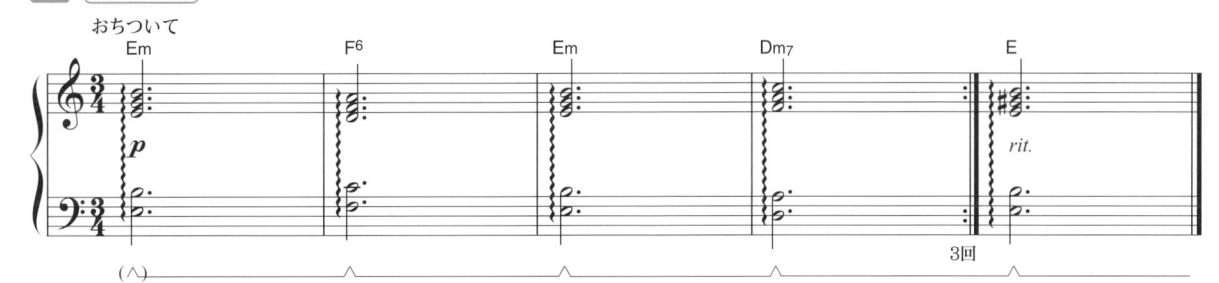

♪「プロローグ」　曲:中地 雅之

CD 74

おちついて

Em　　F6　　Em　　Dm7　　E

p　　　　　　　　　　　　　*rit.*

3回

せりふの間中弾く。

- 音楽とともに開幕。
- 草むらがある。
- 草むらのひとつに、長靴と袋、うさぎを隠しておく。▶①

① 長靴・袋・うさぎを隠しておく
下手　（草）　上手
（草）　　（草）
〈客席〉

ナレーター「あるところにおとうさんと
　　　　　３にんのむすこがすんでいました。
　　　　　ところが、あるひ　おとうさんがしんでしまいました。
　　　　　そこで、うえのおにいさんはすいしゃごやを、
　　　　　つぎのおにいさんはロバをもらいました。
　　　　　でもいちばんしたのハンスには、ねこしか　のこっていませんでした」

- ハンス、少し遅れてねこ、上手より登場する。

ハンス「あーあ　こんな　ねこ　なんの　やくに　たつのかなぁ」

ねこ「そんなに　がっかり　しないで。ハンスさんは、いいひと　です。
　　　ハンスさんには　しあわせに　なってほしいなぁ」

ハンス「ありがとう」

ねこ「ぼくに　ながぐつと　ひもの　ついた　ふくろを　ください。
　　　おねがいです　ハンスさんを　しあわせに　するために　ほしいのです」

ハンス「そんなに　いうなら　おまえを　しんじよう」

ねこ「ありがとうございます」

- ハンス、草むらに隠した長靴と袋を持ってくる。▶②

② うさぎは隠したまま
（草）
（草）　　（草）
ハ　ね
ハンスは長靴と袋を持ってくる

ハンス「ほら　ながぐつと　ふくろだよ」

ねこ「ありがとう」

- ねこ、長靴を履き、袋を持つ。

ねこ「ハンスさん　じゃあ　でかけてきます。しばらく　まっていてください」

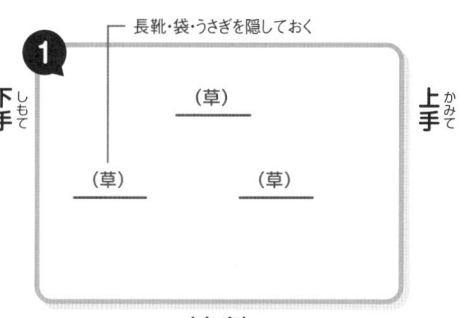

7 世界の名作 ながぐつをはいたねこ

- ハンスは、ねこを見送ると下手へ去る。

🎹 CD 75 ♪「プロムナードA」 曲:中地 雅之

- ねこは草むらの位置を少し変えながら、
  舞台を1周する。▶❸

ねこ　「よーし ここに ふくろを おいておこう」

- ねこ、うさぎを隠した草むらのそばに袋を置き、
  それ以外の草むらの後ろに隠れる。▶❹

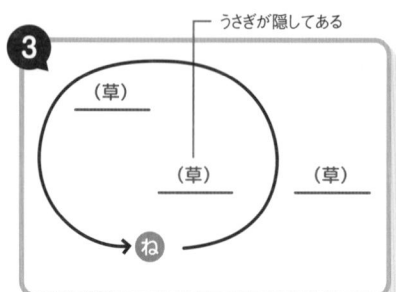

❸ うさぎが隠してある
（草）（草）（草）ね

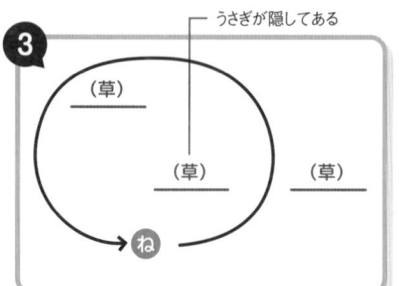

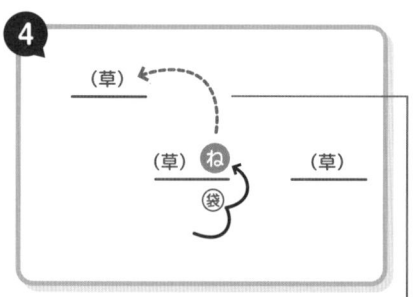

🎹 CD 76 ♪「うさぎの登場」 曲:中地 雅之

❹（草）（草）ね（草）袋
ねこは袋を置いた後、草むらに隠れる

うさぎ(声のみ)　「ぴょんぴょんぴょん　ぴょんぴょんぴょん
　　　　　　　ぴょんぴょんぴょん」

ねこ　「しめしめ そーれ つかまえた！」

- ねこは、うさぎを客席に見せてから袋に詰める。

ねこ　「よし いい かんがえが うかんだ。おしろに いこう。
　　　これから ぼくの ごしゅじん・ハンスさんの なまえを
　　　＜カラバスこうしゃく＞としよう」

🎹 CD 75 ♪「プロムナードA」 曲:中地 雅之　楽譜は同ページ『プロムナードA』参照

- ねこは舞台を1周する。

第二場 「城」

- 家来たちが城と門を持って下手から登場する。
- 家来たちは、草むらを下手へかたづける。

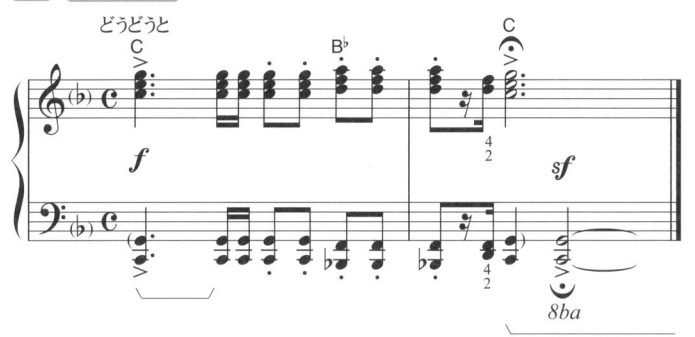

♪「ファンファーレ」 曲:中地 雅之 　CD 77

・ねこは上手側に立つ。▶ ❺

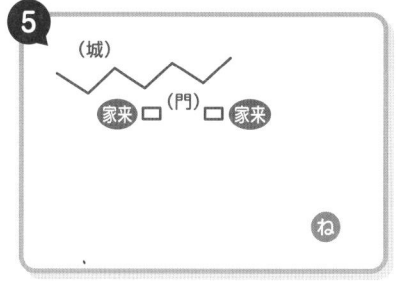

ねこ　「はじめまして　こんにちは。
　　　　カラバスこうしゃくからの　プレゼントを　おもちしました」

♪「けらいたちのうた」 詞:秋田 桂子／曲:中地 雅之 　CD 78

家来　おうさま　おうさま　ながぐつを　はいた　ねこが　きました
　　　　ねこは　カラバスこうしゃくからの　プレゼントの　うさぎを　もってきました

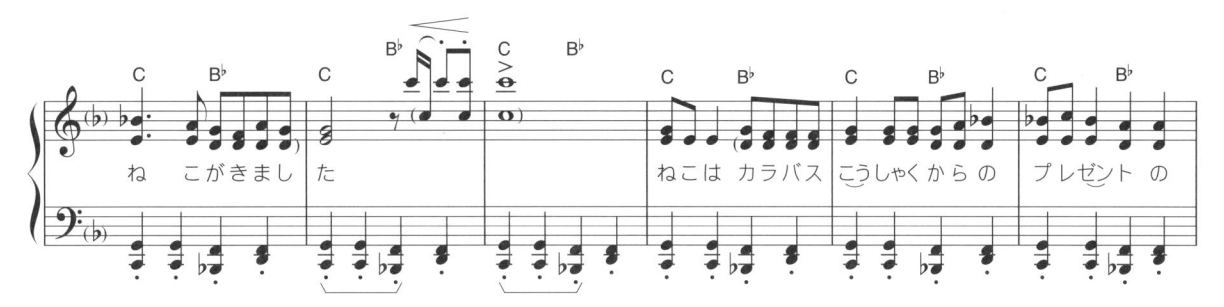

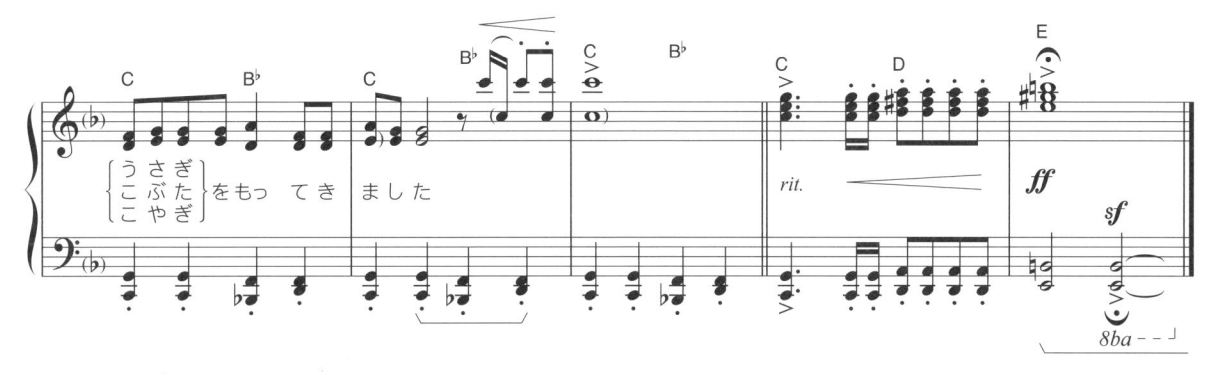

❺ （城）家来□（門）□家来　ね

（歌詞）
おうさま　おうさま　ながぐつをはいた
ねこがきました
ねこは　カラバス　こうしゃくからの　プレゼント の
うさぎ／こぶた／こやぎ　をもってきました

・下手から王様も登場し、門の前に立つ。

王様　「カラバスこうしゃくさまだって？　きいたことは　ないが
　　　　　おいしそうな　うさぎだ　もらってやろう。
　　　　　わっはっはの　は　わっはっはの　は」

ねこ　「おうさま　ありがとうございます。また　まいります」

・王様、城の中へ。家来は残っている。
・ねこは上手に去り、こぶたを持ってくる。

ねこ　「こんにちは
　　　　　カラバスこうしゃくからの　プレゼントを　おもちしました」

♪「けらいたちのうた」　詞:秋田 桂子／曲:中地 雅之　楽譜はP.101『けらいたちのうた』参照

家来　おうさま　おうさま　ながぐつを　はいた　ねこが　きました
　　　　　ねこは　カラバスこうしゃくからの　プレゼントの　こぶたを　もってきました

・王様、登場する。

王様　「カラバスこうしゃくさまだって？　このあいだも　きたな。
　　　　　おいしそうな　こぶただ　もらってやろう。
　　　　　わっはっはの　は　わっはっはの　は」

ねこ　「おうさま　ありがとうございます。またまた　まいります」

・王様、また城の中へ。家来は残っている。
・ねこは上手に去り、こやぎを持ってくる。

ねこ　「こんにちは
　　　　　カラバスこうしゃくからの　プレゼントを　おもちしました」

♪「けらいたちのうた」　詞:秋田 桂子／曲:中地 雅之　楽譜はP.101『けらいたちのうた』参照

家来　おうさま　おうさま　ながぐつを　はいた　ねこが　きました
　　　　　ねこは　カラバスこうしゃくからの　プレゼントの　こやぎを　もってきました

・王様、登場する。

王様　「カラバスこうしゃくさまだって？　このあいだも　きたな。
　　　　　おいしそうな　こやぎだ　もらってやろう。
　　　　　わっはっはの　は　わっはっはの　は」

ねこ　「おうさま　ありがとうございます。またまたまた　まいります」

・王様と家来は、門を持って下手へ去る。

| ねこ | 「これで おうさまと なかよしに なれたぞ。
ぼくは どうしても ハンスさんを しあわせに したいんだ。
よし つぎは… あ いい かんがえが うかんだ！
ハンスさんを よぼう ハンスさーん！」 |

- ハンス、下手から登場する。▶ ❻

ハンス	「やあ ひさしぶりだね ねこくん」
ねこ	「ハンスさん すぐに ようふくを ぬいで かわで おぼれる まねを してください」
ハンス	「おぼれる まね？」
ねこ	「わるいようには しませんから どうか おぼれるまねを してください」

- 水色の衣装を着た人が、水色の布（川）を持って登場。

CD 79 ♪「かわのながれ」 曲：中地 雅之

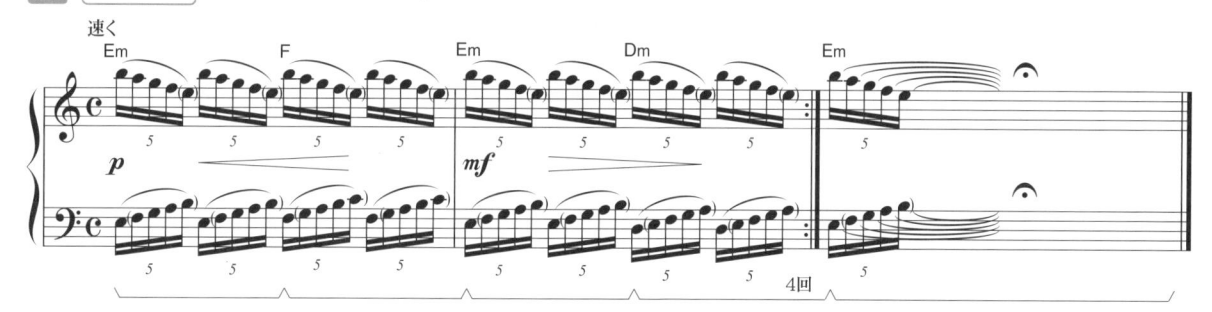

かんたんバージョン
- 左手は各拍の最初の音だけ弾く。右手は、最初の4音、または1・3・5番目の音（シソミ＝Em）のみを繰り返す。

- ハンス、言われるままに上着を脱いで川でおぼれるまねをする。

| ねこ | 「たすけてください。わたしの ごしゅじん
カラバスこうしゃくさまが おぼれています」 |

- 王様、下手から登場する。

| 王様 | 「カラバスこうしゃくさまだと？
いつも おくりものを とどけてくださるかただ。
けらいたち たすけて あげなさい」 |

- 家来たち、下手から出てきて急いで助ける。
- 水色の衣装を着た人は川と上着も持って上手に去る。

演出 川でおぼれるとき
ハンスは布の後ろに行き、おぼれるまねをします。

| ハンス | 「ありがとうございます」 |
| ねこ | 「あぁ なさけないことです。カラバスこうしゃくさまの ようふくが
ぬすまれて しまいました」 |

⑦ 世界の名作 ながぐつをはいたねこ

| 王　様 | 「それは　おきのどくに。
　けらいよ　かわりの　ようふくを　もってきて　あげなさい」 |

- 家来たち、下手に去り、お姫様とともに登場。▶ ❼
- お姫様は洋服を持っている。

| お姫様 | 「どうぞ　きてください」 |

- ハンスは、洋服に着替える。

| 王　様 | 「おお　これは　おにあいだ」 |
| みんな | 「ほんとうに　おにあいだ。
　まるで　おうじさまの　ようだ」 |
| お姫様 | 「ねぇ　いっしょに　おしろの　そとを　おさんぽしましょう」 |

- ねこ以外の全員は上手へ去る。

| ねこ | 「おお　いい　かんがえが　うかんだぞ。
　さきまわりして　いこう」 |

❼
（城）

　　家来
→　姫　王　　ハ　ね

──お姫様はハンスの洋服を持ってくる

🎹 CD 80 ♪「プロムナードB」　曲:中地 雅之

- ねこは、急いで舞台を1周する。
- 城をかたづけ、草むらを置く。

第三場「草場・麦畑」

- 下手より草刈の人たち、登場する。

🎹 CD 81 ♪「草刈・麦刈のうた」　詞:秋田 桂子／曲:中地 雅之

| 草刈の人 | わたしたちは　ひとくいおにに　やとわれて　くさかりをする
まいにち　はたらいても　おわらない
ひろい　ひろい　このとち
でも　しあわせに　なるために
きょうも　げんきに　はたらこう |

♪「草刈・麦刈のうた」 詞:秋田 桂子／曲:中地 雅之

かなしく

わたしたちは ひとくいおにに やとわれて {くさ／むぎ} かりをする

まいにち はたらいても おわらない ひろい ひろい このとちー でも しあわせに

なるために きょうも げんきに はたらこう

ねこ	「ねえ くさかりの ひとたち。ここは だれの とちだ？」
草刈の人	「ここは この さきに すんでいる ひとくいおにの ものさ」
ねこ	「いやいや ここは カラバスこうしゃくさまの ものだ。 そう いわないと ひどい ことに なるぞ」
草刈の人	「はい わかりました」

- ねこ、草むらに隠れる。
- 上手より、王様とハンスとお姫様がやってくる。▶ ❽

王 様	「この すばらしい とちは だれの ものだ」
草刈の人	「はい おうさま。ここは カラバスこうしゃくさまの ものです」
王 様	「ふーむ そうなのか」

- ねこ以外の全員は舞台を1周してから上手へ去る。

❽ ねこ、草むらに隠れる
（草）ね
（草〈裏は麦〉）
（草）草 草 ← 王 ハ 姫

CD 80 ♪「プロムナードB」 曲:中地 雅之　楽譜はP.104『プロムナードB』参照

⑦ 世界の名作 ながぐつをはいたねこ

- みんなが上手に去ってから、ねこは急いで舞台を1周しながら、草むらを裏返して麦畑にする。
- 下手より麦刈の人たち、登場する。

CD 81 ♪「草刈・麦刈のうた」　詞:秋田 桂子／曲:中地 雅之　楽譜はP.105『草刈・麦刈のうた』参照

麦刈の人
わたしたちは　ひとくいおにに　やとわれて　むぎかりをする
まいにち　はたらいても　おわらない
ひろい　ひろい　このとち
でも　しあわせに　なるために
きょうも　げんきに　はたらこう

ねこ「ねえ　むぎかりのひとたち。ここは　だれの　とちだ？」

麦刈の人「ここは　この　さきに　すんでいる　ひとくいおにの　ものさ」

ねこ「いやいや　ここは　カラバスこうしゃくさまの　ものだ。
そう　いわないと　ひどい　ことに　なるぞ」

麦刈の人「はい　わかりました」

- ねこ、麦畑に隠れる。
- 王様たち、やってくる。

王様「この　すばらしい　とちは　だれの　ものだ」

麦刈の人「はい　おうさま　ここは　カラバスこうしゃくさまの　ものです」

王様「ふーむ　カラバスこうしゃくは　ひろい　とちを　もっているんだなあ」

お姫様「カラバスこうしゃくさまは　すごいですね。
さぁ　もっととおくへいきましょう」

ねこ「おお　いい　かんがえが　うかんだぞ。
さきまわりして　いこう」

- ねこ以外の全員は舞台を1周してから上手に去る。
（麦刈りの人たちは麦畑を持って上手へ去る）

CD 80 ♪「プロムナードB」　曲:中地 雅之
楽譜はP.104『プロムナードB』参照

- ねこは、急いで舞台を1周し上手側に立つ。

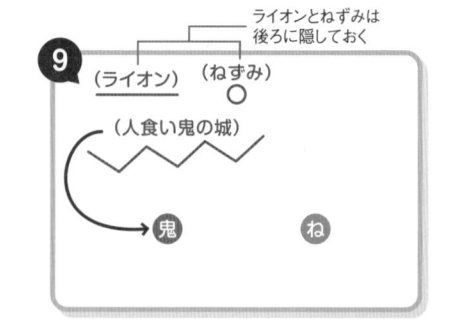

第四場「人食い鬼の城」

- 城を裏返し、人食い鬼の城にする。
- 裏にライオンの絵とねずみを隠しておく。
- 中から、人食い鬼が出てくる。▶❾

CD 82 ♪「ひとくいおにのうた」 詞:秋田 桂子／曲:中地 雅之

人食い鬼
「おう」 きょうも いい てんきだ
きもちが いいぞ みんな きょうも ちゃんと はたらいて いるかな
さぼっていると おれさまは 「たべちゃうぞ」

かんたんバージョン

＊右手は上の音のみを、左手は下記のように弾く。

ねこ
「（小さな声で）りっぱな おしろだ これも カラバスさまの ものに しよう。
こんにちは りっぱな おにさま。
あなたは いろいろな ものに ばけられると ききました。ほんとう ですか？」

人食い鬼
「はじめて みる かおだな。
おにさまの ばける すがたが みたいのか？ それなら みせてやろう。
なんたら かんたら かんたら なんたら へんしん へんしん
らいおんに なれぇ」

CD 83 ♪「らいおんになれぇ」 曲:中地 雅之

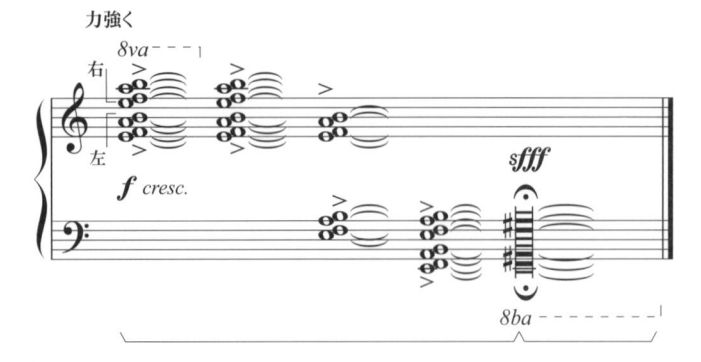

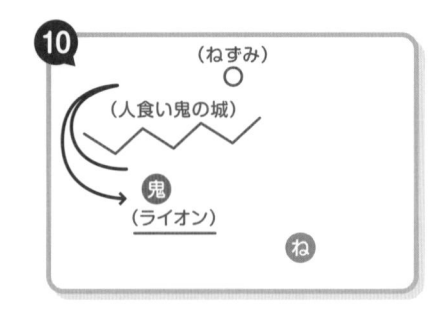

力強く

- 鬼は城の後ろに入り、ライオンの絵の裏に入りに変身して登場。 ▶⑩　P.95 演出「ライオンに変身するとき」参照

人食い鬼　「どうだぁ！」

ねこ　「これは　びっくり　です。さすが　おにさま！
　　　　でも　まさか　ねずみのような　ちいさな　ものには　なれないでしょう」

人食い鬼　「（絵の後ろに隠れたまま）ねずみ　だって？　わけの　ない　ことさ。
　　　　なんたら　かんたら　かんたら　なんたら　へんしん　へんしん
　　　　ねずみに　なれぇ」

CD 84 ♪「ねずみになれぇ」 曲:中地 雅之

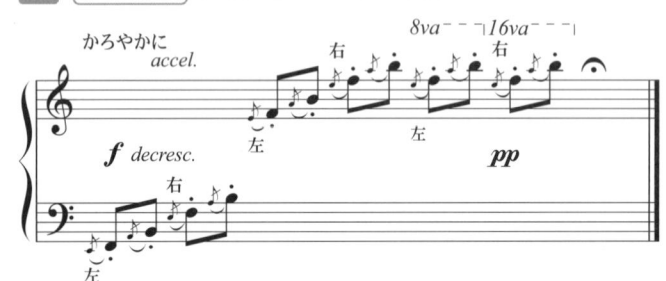

かろやかに

かんたんバージョン
- 小音符（装飾音）は省略してもよい。

- 鬼はライオンに隠れたまま城の後ろに入り、ねずみを出す。　P.95 演出「ねずみに変身するとき」参照

ねこ　「わぁ　ねずみに　なった。
　　　　こんな　ちいさな　ねずみなら　こわくはないさ。
　　　　よーし　パク！」

- ねこ、ねずみを食べるまねをした後、ねずみを隠す。

🎹 CD 77 ♪「ファンファーレ」 曲:中地 雅之 楽譜はP.101『ファンファーレ』参照

・上手より、王様とハンスとお姫様がやってくる。▶ ⑪

⑪
（人食い鬼の城）
ね　　　　王
　　　　　ハ
　　　　　姫

ねこ	「ようこそ　カラバスこうしゃくさまの　おしろへ」
王　様	「これは　みごとな　おしろじゃ」
お姫様	「ほんとうに　すてきですね。 　カラバスこうしゃくさま 　わたしと　けっこんして　くれませんか」
ハンス	「よろこんで」
王　様	「よかった　よかった　さぁ　けっこんしきだ」

・鬼以外、全員登場する。

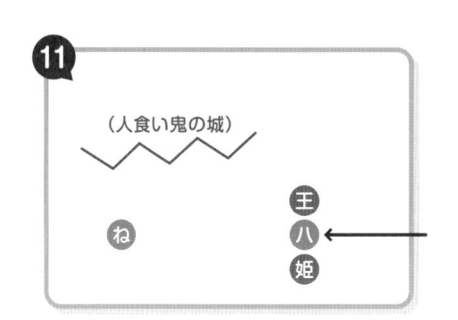

🎹 CD 85 または 86 ♪「フィナーレ　～婚礼のうた～」 詞:秋田 桂子／曲:中地 雅之

王様・家来	ハンスと　おひめさま　おめでとう ずっと　ずっと　しあわせに　くらしてね
草刈・麦刈の人	ハンスさん　ありがとう　ございます ずっと　ずっと　あんしんに　くらせます
ハンス・お姫様	ねこくんの　おかげだよ　ありがとう ずっと　いっしょに　しあわせに　くらそうね

・鬼も登場する。

全　員	ねこくんは　なんて　あたまが　いいんだ ねこくんは　なんて　ごしゅじんおもい　なんだ それから　ずっと　この　おしろで みんな　みんな　しあわせに くらしましたとさ 「ながぐつを　はいた　ねこの　おはなし」　「おしまい！」

楽譜は次ページへ ▶

⑦ 世界の名作　ながぐつをはいたねこ

▷▷♪「フィナーレ　～婚礼のうた～」　詞:秋田 桂子／曲:中地 雅之

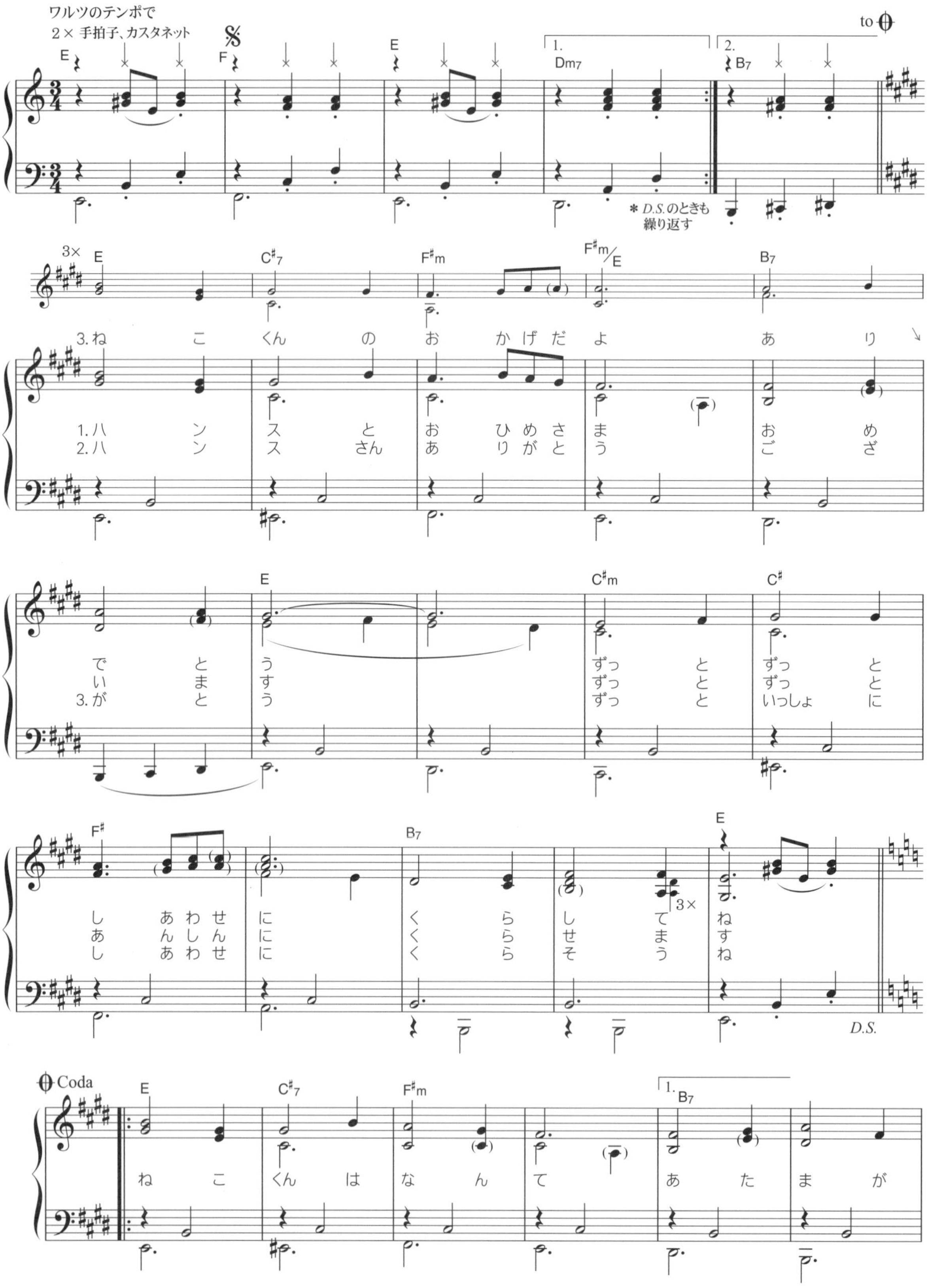

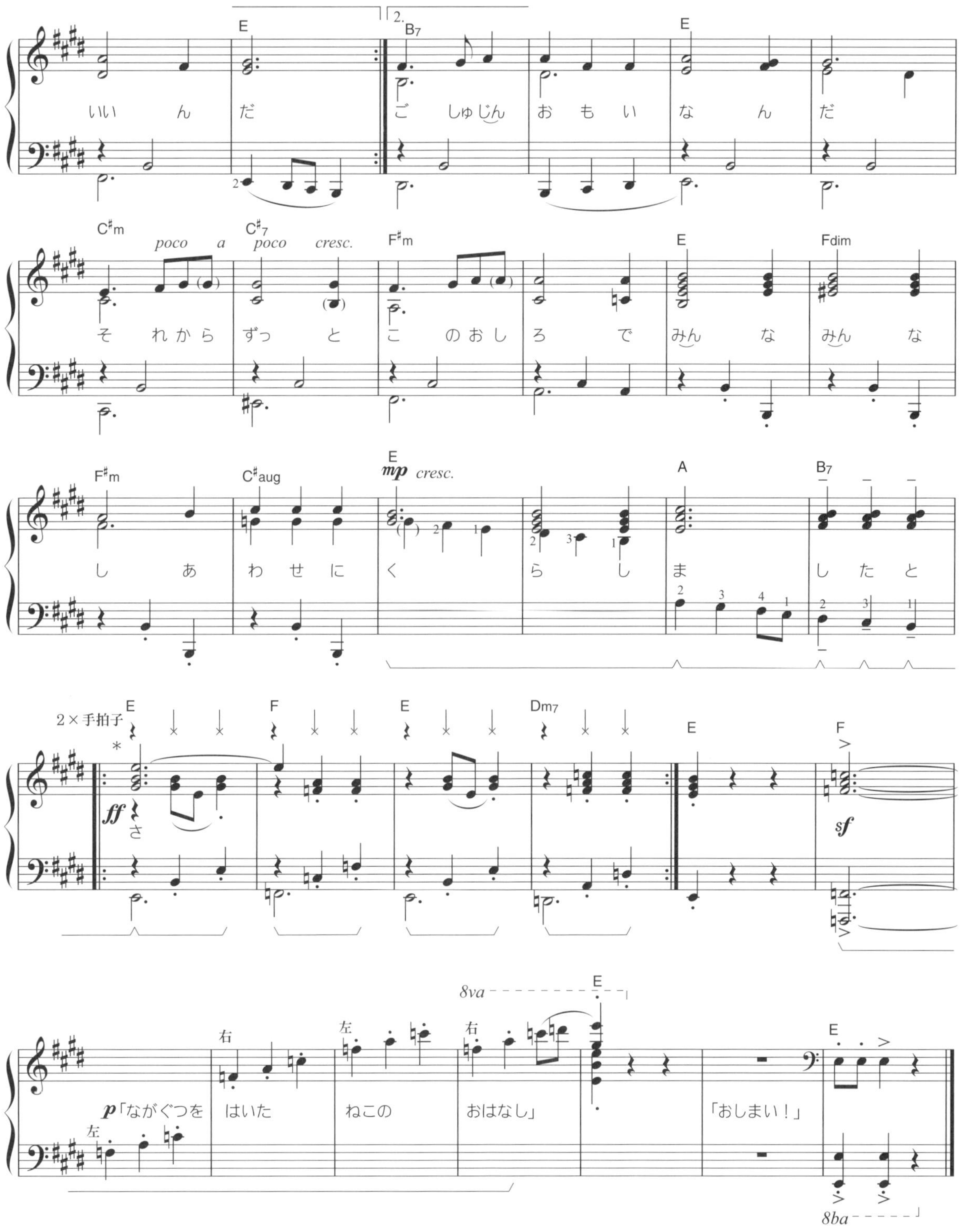

・＊音が高いときはオクターブ下の音を歌う。

かんたんバージョンは次のページです。

▷▷かんたんバージョン ♬「フィナーレ　～婚礼のうた～」 詞:秋田 桂子／曲:中地 雅之

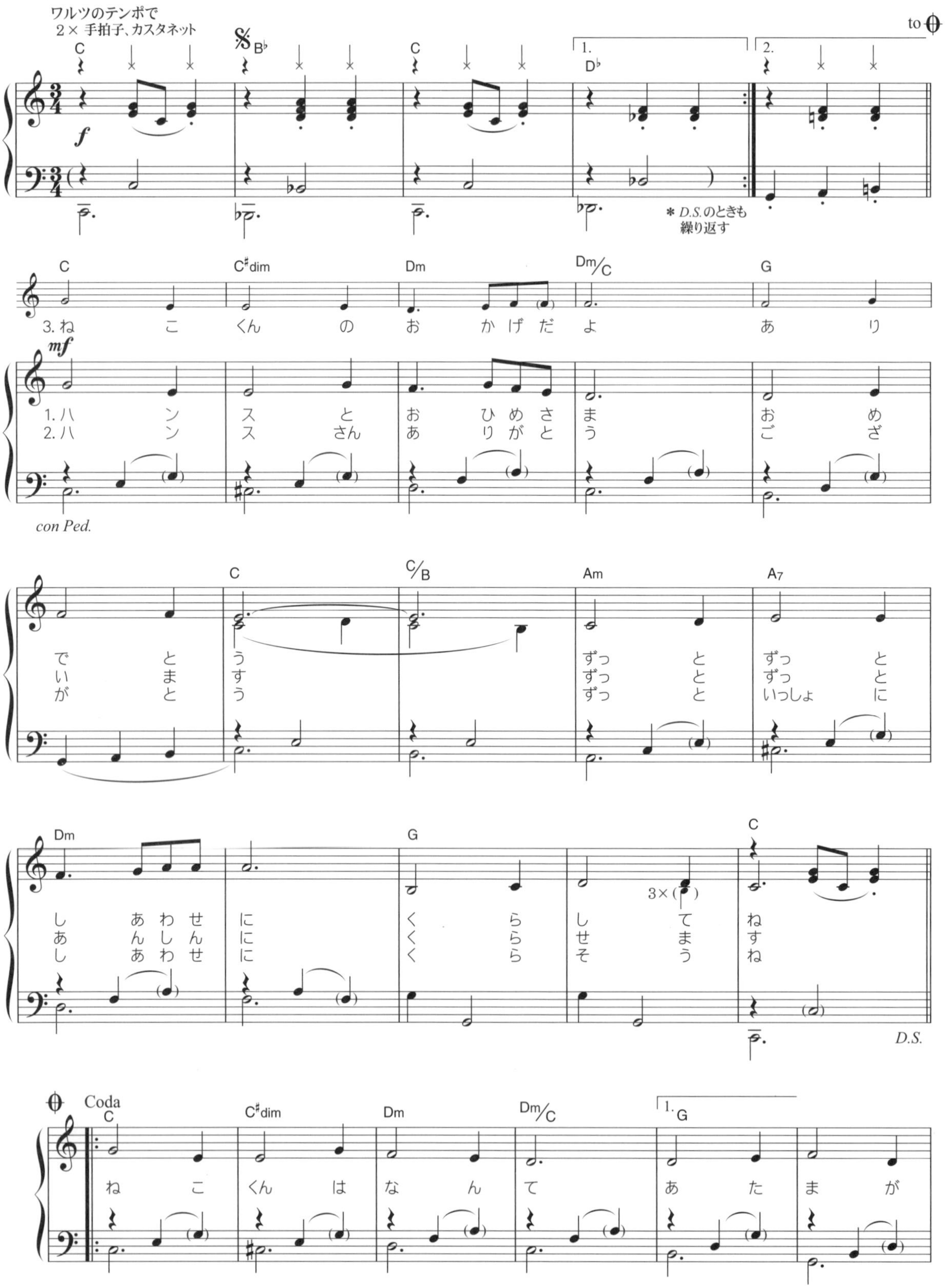

♪「ながぐつをはいたねこのおはなし」「おしまい！」

歌入り
ボーナストラックとして「けらいたちのうた」「草刈のうた」「ひとくいおにのうた」「フィナーレ 〜婚礼のうた〜」の歌入りバージョンが入っています。

CD 96 ♪「けらいたちのうた」　　CD 98 ♪「ひとくいおにのうた」
CD 97 ♪「草刈のうた」　　　　　CD 99 ♪「フィナーレ 〜婚礼のうた〜」

おしまい

基本の衣装の作り方

各劇あそびのコスチュームは、ここで紹介する基本の衣装の組み合わせで作られています。各劇あそびのコスチュームページに、使用する基本の衣装のアイコンとページ数を掲載しています。
寸法参考例はP.118・P.119に掲載しています。

◆ 着物A（着物B・羽織） 着物A 着物B 羽織

えり
えりを付ける
はり合わせる

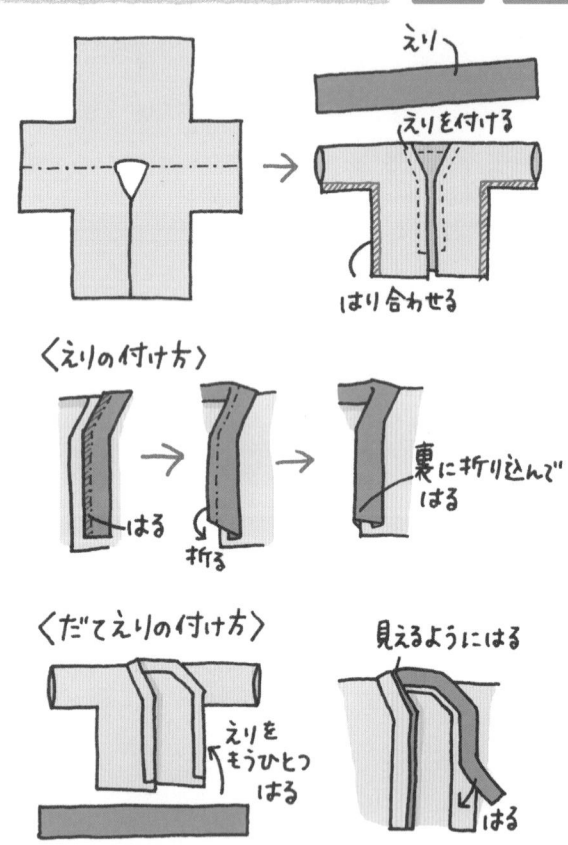

〈えりの付け方〉
はる → 折る → 裏に折り込んではる

〈だてえりの付け方〉
えりをもうひとつはる
見えるようにはる
はる

着物Bの場合は
えりを付ける
はり合わせる

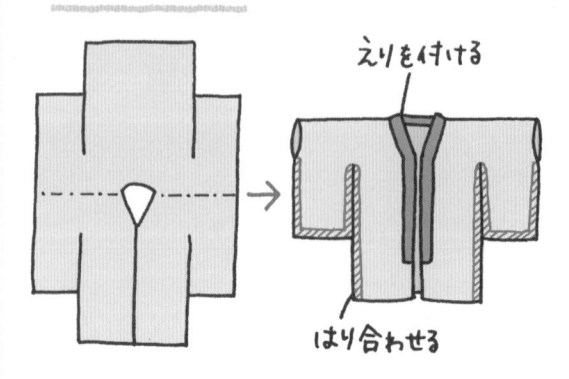

羽織の場合は
えりを付ける
はり合わせる

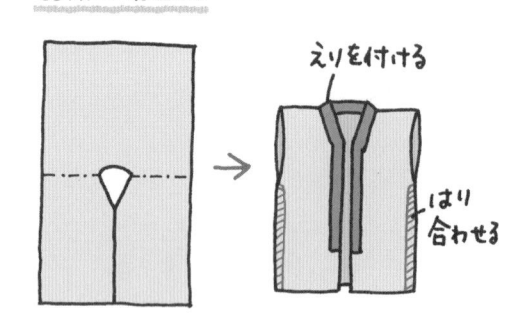

◆ ちゃんちゃんこ
はり合わせる

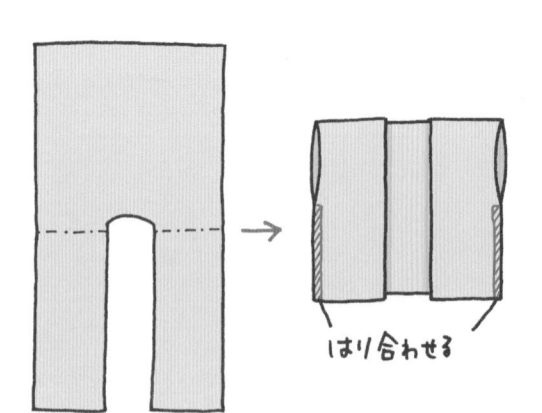

◆ ちゅうこの羽織
はり合わせる
はり合わせる
↓
マジックテープを付ける
斜線部分にはり合わせる布

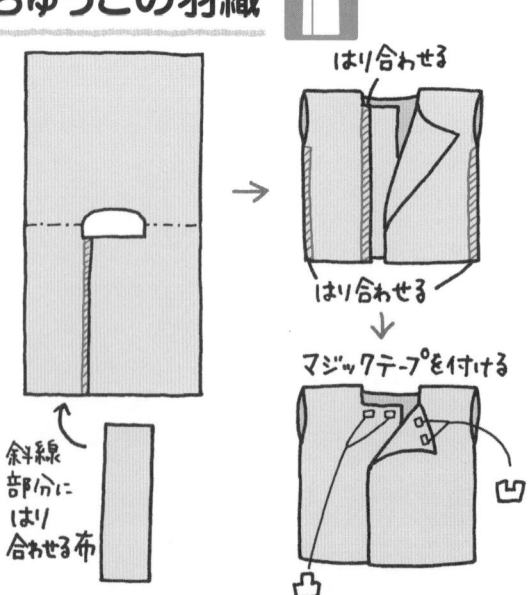

◆ ベスト

はり合わせて肩を落とす

2cm

マジックテープをつける

はり合わせる

※ベストは前開きと後ろ開きのものがあります。

◆ ワンピース

はり合わせて肩を落とす

2cm

ここははり合わせない

後ろ

マジックテープをつける

はり合わせる

◆ 洋服

2cm

はり合わせて肩を落とす

はり合わせる

後ろ

マジックテープをつける

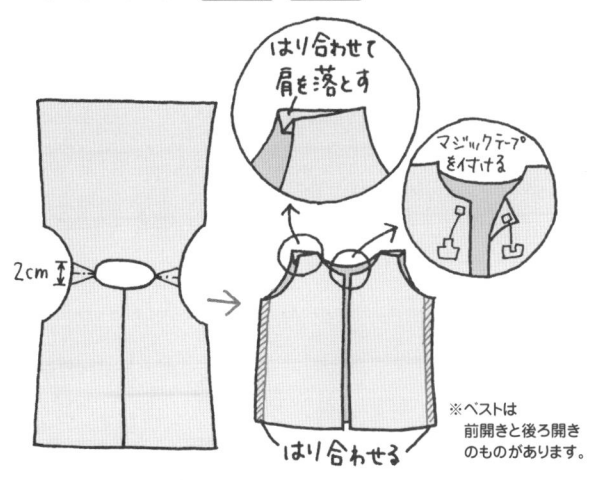

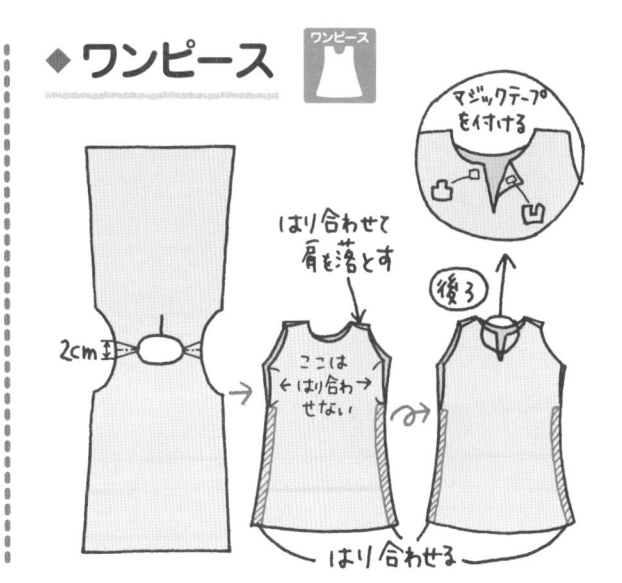

◆ そでなし洋服

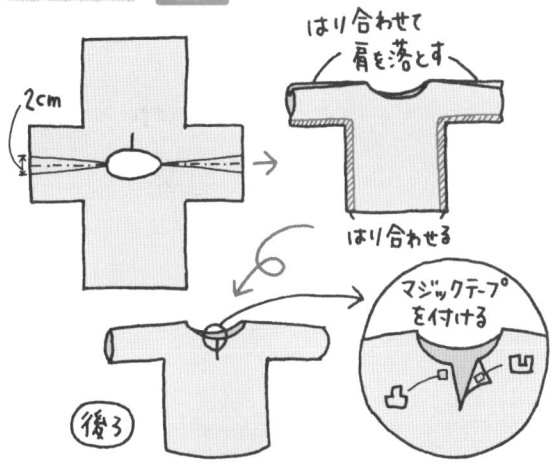

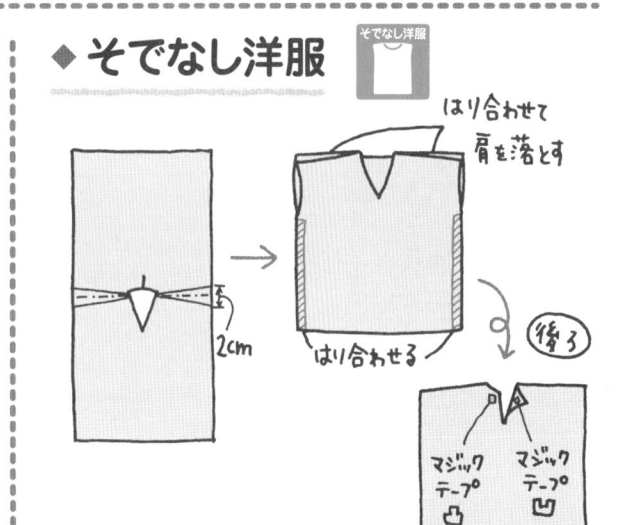

はり合わせて肩を落とす

2cm

はり合わせる

後ろ

マジックテープ　マジックテープ

◆ 粉屋・家来の服

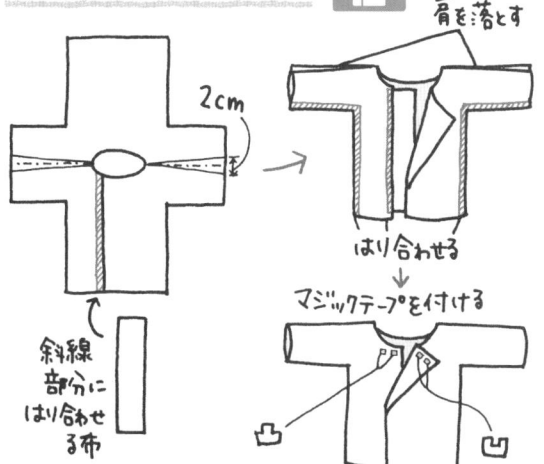

2cm

はり合わせ肩を落とす

はり合わせる

マジックテープを付ける

斜線部分にはり合わせる布

◆ スカート

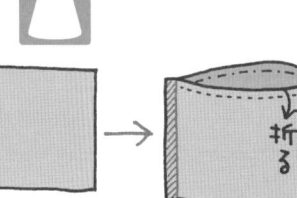

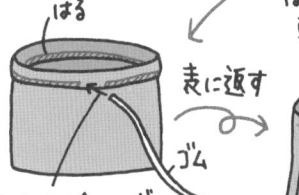

折る

はり合わせて輪にする

はる

表に返す

ゴム

1か所ははり合わせずにあけておき、ゴムを通す

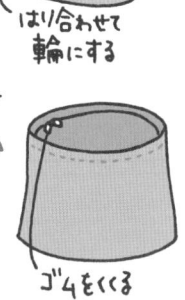

ゴムをくくる

◆ はかまA

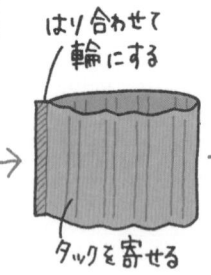

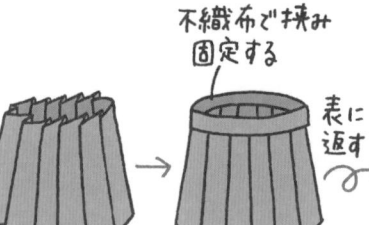

はり合わせて輪にする → タックを寄せる → 不織布で挟み固定する → 表に返す →（後ろ）不織布で作った帯をはる

◆ はかまB

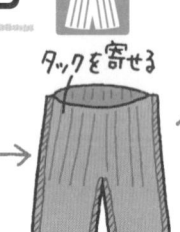

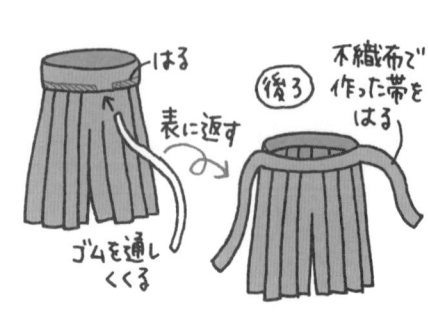

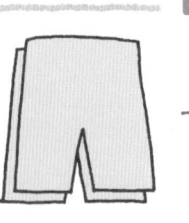

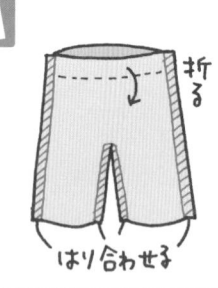

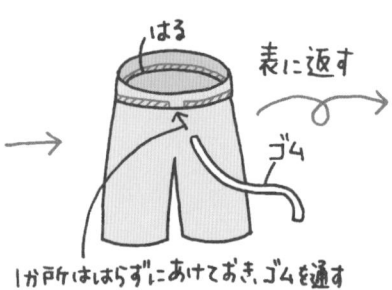

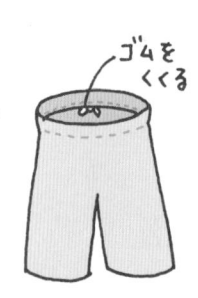

タックを寄せる / はり合わせる → 不織布で挟み固定する / 折る → はる / ゴムを通しくくる → 表に返す →（後ろ）不織布で作った帯をはる

◆ ズボンA

折る / はり合わせる → はる / ゴム / 1か所ははらずにあけておき、ゴムを通す → 表に返す → ゴムをくくる

◆ ズボンB

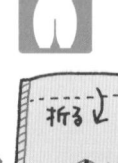

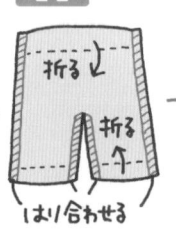

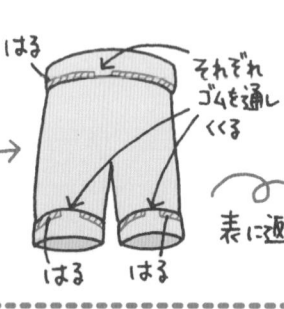

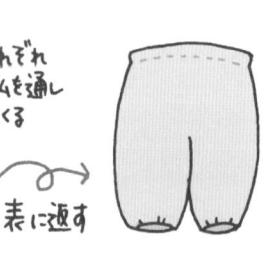

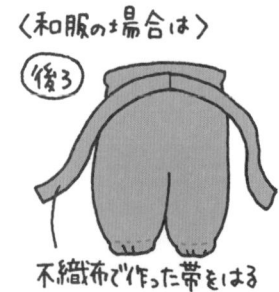

折る / はり合わせる → はる / それぞれゴムを通しくくる / はる → 表に返す →〈和服の場合は〉（後ろ）不織布で作った帯をはる

◆ ズボンC

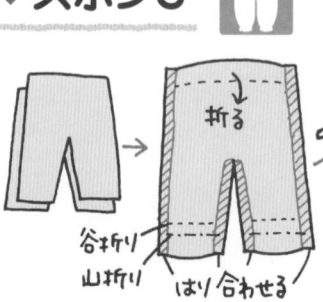

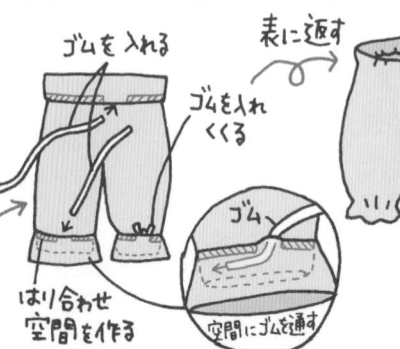

折る / 谷折り / 山折り / はり合わせる → ゴムを入れる / ゴムを入れくくる / はり合わせ空間を作る / 空間にゴムを通す → 表に返す

◆ お面

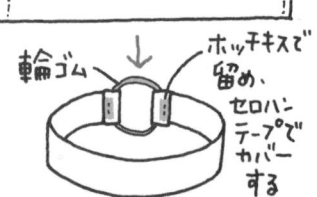

四つ切り画用紙 横の長さ / 輪ゴム / ホッチキスで留め、セロハンテープでカバーする

◆ かつら

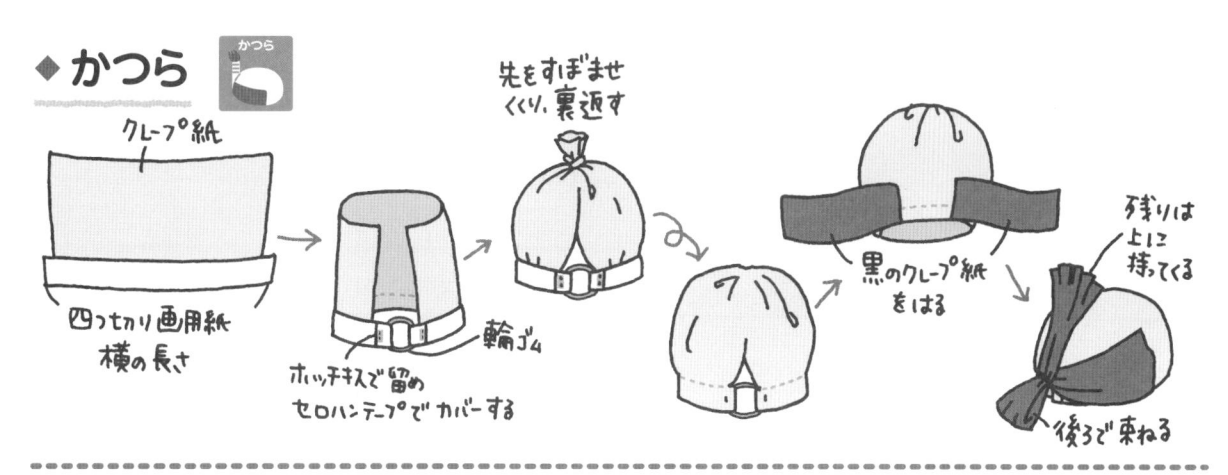

- クレープ紙
- 四つ切り画用紙 横の長さ
- ホッチキスで留めセロハンテープでカバーする
- 輪ゴム
- 先をすぼませくくり、裏返す
- 黒のクレープ紙をはる
- 残りは上に持ってくる
- 後ろで束ねる

◆ 耳付き帽子

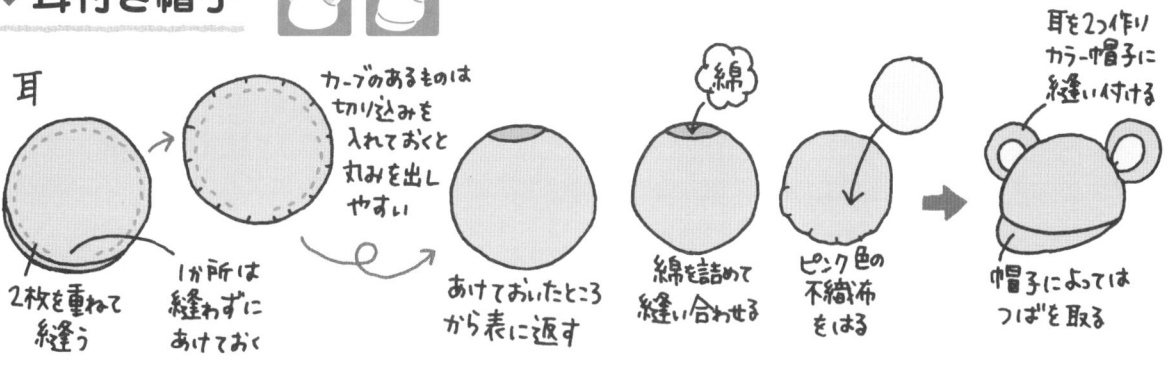

耳
- 2枚を重ねて縫う
- 1か所は縫わずにあけておく
- カーブのあるものは切り込みを入れておくとふくらみを出しやすい
- あけておいたところから表に返す
- 綿を詰めて縫い合わせる
- ピンク色の不織布をはる
- 綿
- 耳を2つ作りカラー帽子に縫い付ける
- 帽子によってはつばを取る

◆ 切り紙の作り方

■の部分を切り落とします。

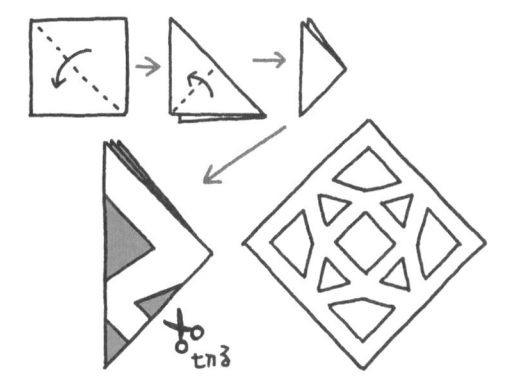

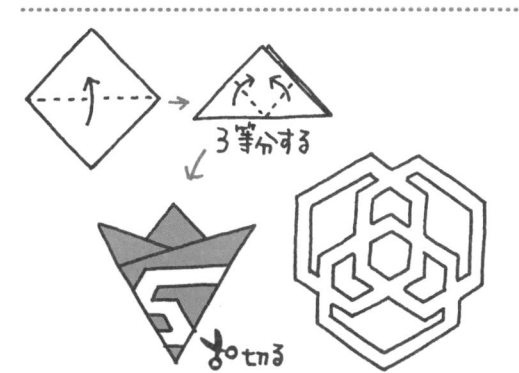

- 5等分する
- 切る
- 3等分する
- 切る

※以上の切り紙の作り方を参考に、いろいろな模様を考えてみてください。

基本の衣装 〈寸法参考例〉

寸法は、身長120cmの子どもを基準にしたものです。
作成される際は、それぞれの子どもに合わせて調整してください。

和服①

― …着物A
---- …着物B

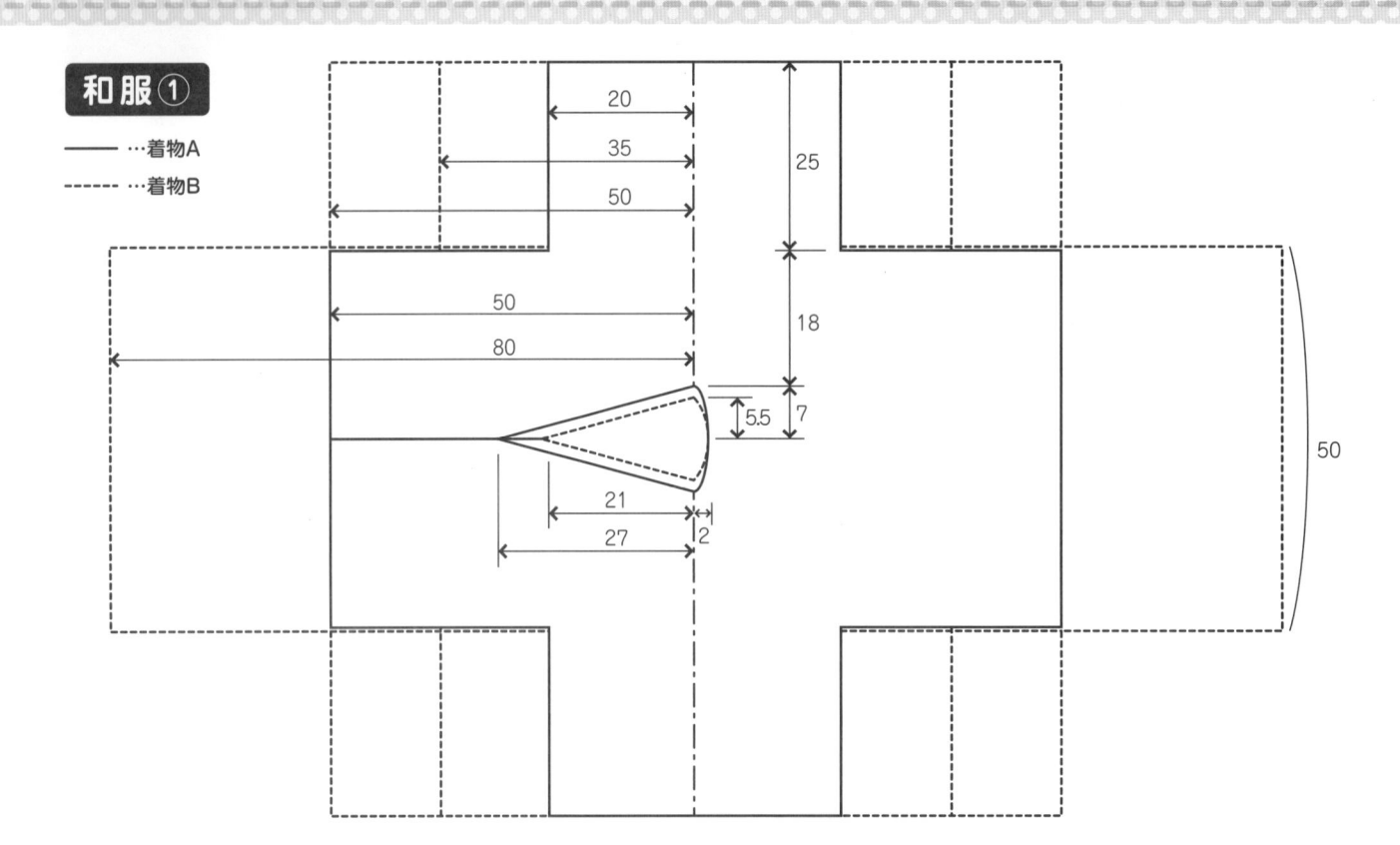

20
35
50
25
50
80
18
5.5
7
21
27
2
50

和服②

------ …ちゃんちゃんこ
― …ちゅうこの羽織

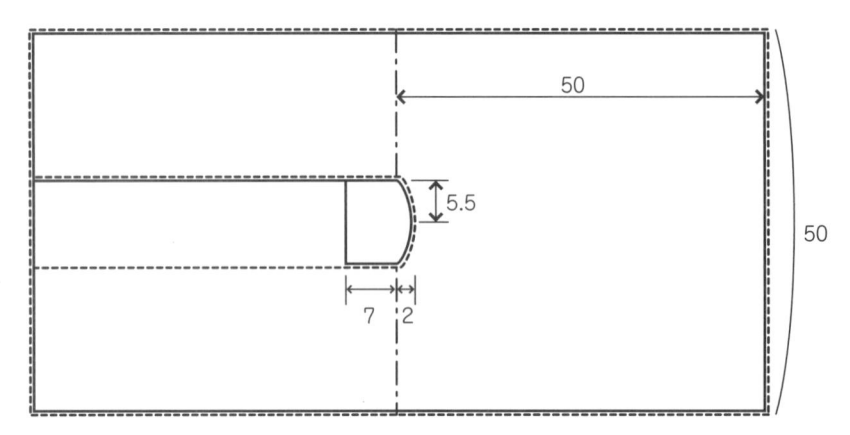

50
5.5
7 2
50

洋服①

― …ワンピース
---- …ベスト
― …そでなし洋服

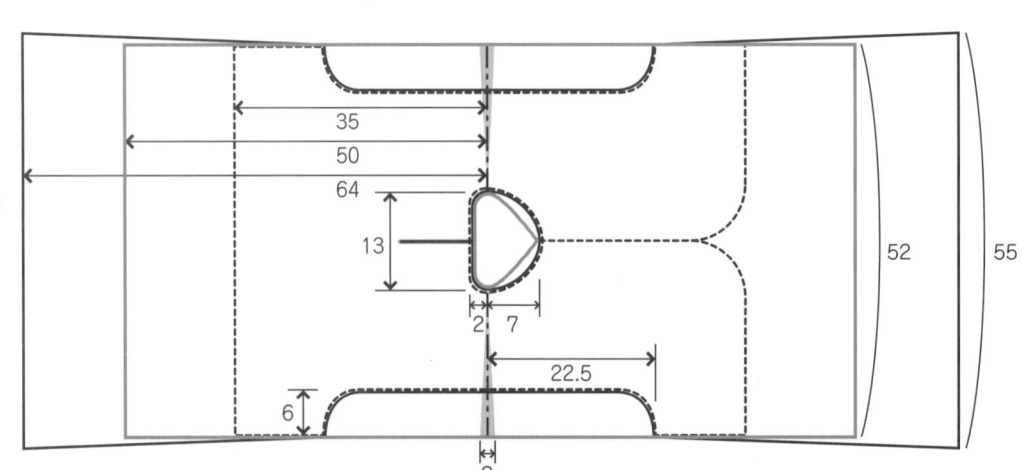

35
50
64
13
2 7
22.5
6
2
52
55

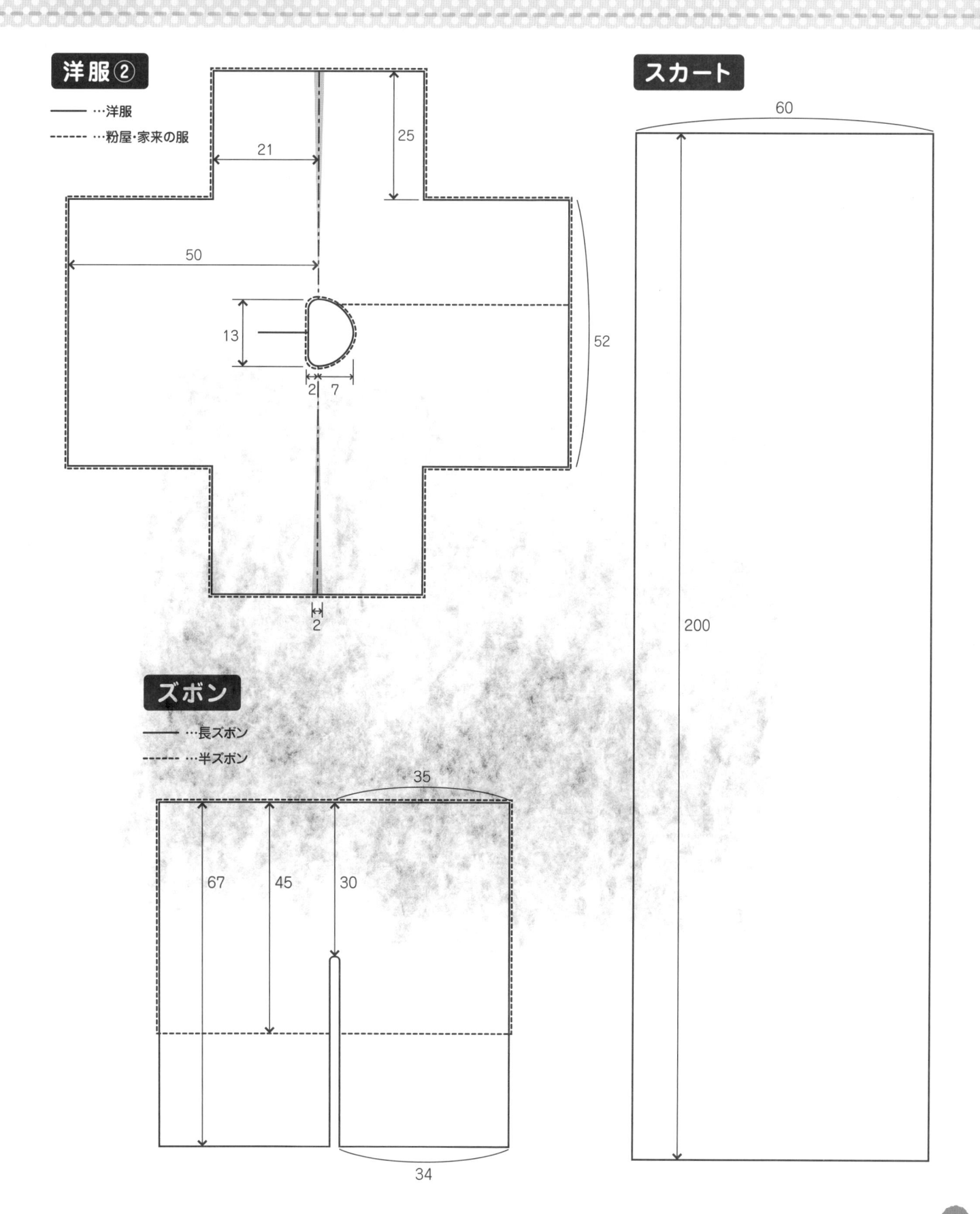

図中の数字の単位はすべてcmです。 400%に拡大したあと、250%に拡大すると原物の大きさになりますが、直接、不織布を測って作成することをおすすめします。

洋服②

―― …洋服
------ …粉屋・家来の服

- 21
- 25
- 50
- 13
- 2 | 7
- 52
- 2

スカート

- 60
- 200

ズボン

―― …長ズボン
------ …半ズボン

- 35
- 67
- 45
- 30
- 34

〈著者〉
秋田桂子（あきたけいこ）

東京都の私立・公立幼稚園に39年間勤務し、平成18年退職。退職後、劇団風の子 国際児童演劇研究所の第25期生となり、卒業。在職中から『おおきなかぶの会』会長として絵本の研究サークルを続けるとともに人形劇団『くさぶえ』を創立し、現在も公演・講演活動を多数行なっている。また昭和54年から『人形劇を見る会』を毎夏自宅の庭で行なっている。

著書
絵本『まっしーとみどっちゃんちへ みんなみんな みにおいで』、カラーパネルシアター『10人のサンタ』『おおきくなったらなりたいな』他多数、保育図書『絵本の指導〈全5冊〉』、『読んであげたい絵本〈2冊〉』(いずれも共著)、『3・4・5歳児の劇遊び 脚本&CD』がある。

〈音楽〉
中地雅之（なかじまさゆき）

東京学芸大学大学院、ザルツブルグ・モーツァルテウム音楽大学大学院修了。哲学博士（音楽教育学）。岩手大学教育学部を経て、現在、東京学芸大学教育学部教授（音楽教育学担当）。音楽教育の研究では、日本とドイツ語圏における即興表現の比較研究を行ない、特に〈ことば〉と〈音楽〉の関連した表現の可能性を探究。演奏では国内のほか、オーストリア、ドイツ、イタリアにおいてピアノ演奏および朗読と音楽のコラボレーションを行なう。日本オルフ音楽教育研究会副代表。

著書
『ことば・あそび・うた（詩：谷川俊太郎）』（日本ショット）、CD『おひさまのかけら（朗読：はせみつこ）』（フォンテック）、『3・4・5歳児の劇遊び脚本&CD』、他論文・共著多数。

本書及びCDを無断で複写（コピー）することは、著作権法上、認められている場合を除き禁じられています。お問い合わせは、ひかりのくに（大阪本社）までご連絡ください。小社は著作から複写にかかわる権利の管理委託を受けています。

STAFF
- 本文デザイン／はやはらよしろ〔...〕
- 本文イラスト／ゼリービーンズ・〔...〕みやれいこ（五十音〔順〕）
- 協　　　力／グループ・ティータ
- 楽譜浄書／株式会社福田楽譜
- ＣＤ制作／株式会社フォンテ〔ック〕
- 録　　　音／有限会社アイ・エフ〔...〕
- う　　　た／東京学芸大学 中〔地〕雅之〔...〕志 宇野旭・上出美希・菊池理乃・齋木麻美・吉田進也
- 衣装製作／落岩喜久子・小南一愛・島津多美子
- モ　デ　ル／佐久間裕生・平田泉月・古堅さくら・松本陽人・吉原祐月（五十音順）
- 写　　　真／佐久間秀樹（佐久間写真事務所）
- 企画・編集／岡本舞・安藤憲志・井家上萌
- 校　　　正／堀田浩之

本書のコピー、スキャン、デジタル化等の無断複製は著作権法上での例外を除き禁じられています。本書を代行業者等の第三者に依頼してスキャンやデジタル化することは、たとえ個人や家庭内の利用であっても著作権法上認められておりません。

※本書は、月刊「保育とカリキュラム」2011年11月号別冊附録を、内容はそのままに単行本化したものです。

音〔楽〕　　雅之
発行人　岡本 功
発行所　ひかりのくに株式会社
〒543-0001　大阪市天王寺区上本町3-2-14
TEL06-6768-1155　郵便振替00920-2-118855
〒175-0082　東京都板橋区高島平6-1-1
TEL03-3979-3112　郵便振替00150-0-30666
ホームページアドレス　http://www.hikarinokuni.co.jp
印刷所　大日本印刷株式会社

©2012　乱丁、落丁はお取り替えいたします。
Printed in Japan
ISBN978-4-564-60813-1
NDC376　120P　26×21cm